LÉON BOURGEOIS

LA POLITIQUE

DE LA

PRÉVOYANCE SOCIALE

I

LA DOCTRINE ET LA MÉTHODE

Préface de M. ERNEST LAVISSE

de l'Académie française

PARIS

BIBLIOTHÈQUE-CHARPENTIER

EUGÈNE FASQUELLE, ÉDITEUR

11, RUE DE GRENELLE, 11

1914

LA POLITIQUE

DE LA

PRÉVOYANCE SOCIALE

I

LA DOCTRINE ET LA MÉTHODE

DU MÊME AUTEUR

Pariŝ. — L. MARETHEUX, imprimeur, 1, rue Cassette. — 10906.

LÉON BOURGEOIS

LA POLITIQUE

DE LA

PRÉVOYANCE SOCIALE

I

LA DOCTRINE ET LA MÉTHODE

PRÉFACE DE M. ERNEST LAVISSE

de l'Académie française

PARIS

BIBLIOTHÈQUE-CHARPENTIER

EUGÈNE FASQUELLE, ÉDITEUR

11, RUE DE GRENELLE, 11

1914

AVERTISSEMENT DE L'ÉDITEUR

Depuis quelque temps déjà, bien avant que
M. Léon Bourgeois fût appelé au Ministère du Travail, nous lui avions demandé l'autorisation de
réunir et de publier ses travaux les plus récents
sur les questions d'Hygiène sociale. Son passage
aux affaires en 1912-1913 a retardé l'impression
du présent ouvrage, mais nous a permis, en
revanche, de l'accroître de plusieurs discours, dont
quelques-uns semblent bien nous donner la plus
complète expression de sa pensée.

Jamais plus qu'aujourd'hui les questions sociales
n'ont inspiré et orienté la politique intérieure de
tous les États; en particulier elles ne sont nulle part
l'objet de préoccupations plus vives que dans notre
pays. On en trouvera la preuve dans cette série de
Discours dont beaucoup même n'ont été que des
improvisations. Prononcés de 1889 à 1914 dans les
milieux les plus divers, ils s'inspirent pourtant

d'un seul esprit. Tous tendent à diriger vers un même idéal les efforts des bonnes volontés pour arriver à une organisation sociale plus juste et plus humaine.

Qu'il s'agisse de mutualité, d'assurances sociales, d'assistance, d'hygiène, de lutte contre la tuberculose, ces manifestations se succédant pendant un quart de siècle, forment vraiment un tout. Il s'en dégage une telle unité de doctrine qu'il a suffi de présenter ces discours non dans un ordre chronologique, mais suivant une classification méthodique (premier tome : la doctrine et la méthode; second tome : l'action) pour y faire apparaître une pensée constante, une conception d'ensemble de la vie, toute une politique de prévoyance et d'hygiène sociales.

PRÉFACE

En lisant les épreuves de ce livre, j'ai regretté qu'il n'ait pas été publié au moment où se produisit la candidature de Léon Bourgeois à l'Académie française. J'y aurais trouvé le moyen d'exposer en termes plus précis les titres de mon vieil ami. Aussi ai-je voulu écrire cette préface pour lui rendre, en meilleure connaissance de cause, la justice qui lui est due.

De la carrière politique de Léon Bourgeois, je n'ai rien à dire ici : tout le monde sait qu'il a été ministre souvent — six fois —, et président du Conseil et président de la Chambre, et qu'il serait aujourd'hui président de la République, si l'état de sa santé lui avait permis d'agréer la candidature qui lui fut offerte avec de si grandes instances. Mais je crains que le public ne connaisse mal l'essentiel de la vie de Léon Bourgeois, dont la principale ambition a été d'établir une doctrine d'action sociale et de la mettre en pratique.

La doctrine, exposée dans son livre la *Solidarité*

paru en 1896, peut être résumée en quelques
mots : tout homme est ce qu'il est grâce au labeur
de millions d'individus qui l'ont précédé dans la
vie ; il est le manifeste *débiteur* de ses devanciers,
puisqu'il use des biens de la civilisation qui est
leur œuvre ; sa *dette*, il *doit* la payer aux représentants de ses devanciers, c'est-à-dire à leurs des-
cendants présents et à venir.

Il existe donc une *solidarité* humaine, cette solidarité crée une obligation juridique, un devoir
pour l'individu et un droit pour la Société. Sur
ce fondement solide et simple s'établit une
morale sociale purement humaine, et qui est très
noble.

Cette morale nous commande l'attention à tous
les maux dont souffre notre société. Léon Bourgeois
disait un jour à l'*Union de la jeunesse républicaine*
qu'il faut « avoir presque constamment à l'esprit la
douleur d'autrui, songer qu'à l'heure où l'on est
heureux, d'autres ne le sont pas, et se proposer cette
tâche de prendre quelque chose sur son bonheur
personnel pour diminuer la douleur des autres ».

Cette morale commande l'action, une action dont
Léon Bourgeois donne la méthode, non seulement
par des paroles et des préceptes, mais par son propre
exemple.

D'abord l'*action pour protéger la vie humaine contre
la maladie*. Léon Bourgeois préside des sociétés
comme l' « Alliance d'Hygiène sociale », et la

« Maison maternelle ». Il préside la « Commission permanente pour la préservation contre la tuberculose ». Membre du « Conseil de surveillance de l'Assistance publique », il a fait instituer le dispensaire qui porte son nom. Il prodigue à ces sociétés et à ces conseils l'aide de sa parole, et l'on sent à certains accents qu'il a vu de près la souffrance humaine et que son cœur est meurtri par les plus douloureux des souvenirs.

Ensuite, *l'action pour établir dans la société la paix par la justice.*

Pour que cette action soit égale à l'œuvre à faire, qui est immense et mal aisée, il faudrait que l'éducation préparât l'individu à devenir un « être social ». Il faudrait détruire en soi et chez les autres « les préjugés qui divisent, les préjugés de classe, de parti, d'intolérance, de race; car, au fond de tous ces préjugés, il y a de la haine ». Cette éducation est à peine commencée, malheureusement; mais déjà tout le monde est d'accord pour reconnaître, quitte à l'entendre de façons diverses, qu'il existe une justice sociale et des devoirs envers ceux à qui l'état actuel de la société rend la vie difficile et hasardeuse.

Léon Bourgeois a fait instituer, dès 1894, la Commission parlementaire « d'assurance et de prévoyance sociales », pour remédier aux dificultés et aux maux de la vie industrielle. Il a participé au vote des lois sur les retraites ouvrières, la diminution des heures de travail, les habitations à bon marché

Mais il n'attend pas de l'État toute la réforme de la
Société. Il a toujours recommandé aux travailleurs
de s'aider eux-mêmes par la coopération et par la
mutualité. Il espère que l'amélioration de la vie
ouvrière, où tend l'effort de tant de bonnes volontés,
préviendra les ruineux conflits entre ouvriers et
patrons. Il a été un des premiers à conseiller, en
cas de conflits, l'arbitrage.

Tous ces problèmes se retrouvent dans les pays
civilisés; partout des misères, des maladies, l'imper-
fection du régime du travail, la difficulté de vivre
pour des millions d'êtres. Pourquoi donc ne les étu-
dierait-on pas en commun, ces problèmes, chaque
pays apportant à l'étude et à la discussion ses idées
et la lumière de son expérience?

Léon Bourgeois préside l'Association internationale pour la lutte contre la tuberculose, l'Association internationale pour la lutte contre le chômage
et le Comité des Assurances sociales. Ces groupements sont les ébauches d'organisations futures où
se manifestera la solidarité internationale et, pour
reprendre un mot de Léon Bourgeois, l'existence
d'une « Société des nations ».

Mais longtemps encore la Société des nations
sera travaillée, comme chacune des Sociétés nationales, par des conflits. Ici la grève s'appelle la
guerre, qui est comme une grève de l'humanité. Il
faut donc s'efforcer d'*établir la paix par la justice
dans la Société des Nations*, comme dans chacune

des Sociétés particulières. Le principal collaborateur français à cette œuvre est Léon Bourgeois.

Il a été le premier délégué de la France à la première conférence de La Haye en 1899, et ambassadeur extraordinaire auprès de la seconde, en 1907. Nous ne savons pas assez en France la place qu'il a tenue dans ces conférences ou quarante-quatre nations étaient représentées : ce fut la première place, et les étrangers l'ont dit.

En 1907, lorsque la première commission tint sa séance de clôture, un des membres étrangers, s'adressant à M. Bourgeois, lui dit : « A notre connaissance, aucune assemblée de l'importance de la nôtre n'a donné un si merveilleux exemple d'ordre et d'harmonie ; c'est à votre géniale présence, à la clarté que vous répandez autour de vous que nous devons ce résultat. Aucun autre parmi nous n'aurait pu nous tenir plus étroitement unis ou nous conduire plus près du terme souhaité, celui de l'absolue unanimité. » Ces paroles furent saluées d'applaudissements et d'acclamations.

Vint ensuite la séance plénière de clôture. M. de Nelidow, ambassadeur de Russie, exprima la gratitude de toute la conférence : « Nous remplissons, dit-il, un devoir de justice en affirmant à M. Léon Bourgeois la haute estime et la reconnaissance absolue de la conférence. » Il expliqua l'autorité morale conquise par notre compatriote : « C'est en homme de cœur qu'il s'est passionné pour les plus

généreuses aspirations du monde civilisé; c'est
dans son cœur qu'il trouve les raisons que la raison
ne connaît pas. » A son tour, l'ambassadeur d'Allemagne, baron Marschall von Bieberstein apporta son
hommage. Il rappela l'ovation « impressionnante »
faite à Léon Bourgeois par la première commission;
et il loua « ses éminentes qualités d'âme et d'esprit,
la haute compétence, la parfaite loyauté », dont
avait fait preuve notre ambassadeur devant « les
délégués du monde entier ».

Léon Bourgeois, en effet, s'est montré, dans cette
grave circonstance, tel qu'il est, avec la générosité
de son cœur, sa bonne humeur conciliante et la
finesse de son esprit. Je sais que ce fut une joie de
l'entendre, après des discussions vives et véhémentes,
les résumer, constater que, sur tels et tels points,
tout le monde était d'accord, y insister, prendre
ensuite les points de désaccord, les atténuer, pour
retourner aux choses acquises et marquer les
premiers pas d'une marche malaisée, qui sera
longue, mais ne s'arrêtera plus.

C'est un honneur pour la France que son ambassadeur ait groupé autour de lui, dans la discussion
sur l'arbitrage, les ambassadeurs des grandes
puissances Russie, Angleterre, États-Unis, et les
représentants de trente-deux États européens, améri-
cains et asiatiques; c'était presque le monde entier
de notre côté, faisant face au bloc de la Triple-Al-
liance. Et c'est bien à la France que s'adressa l'ova-

tion si « impressionnante » faite à Léon Bourgeois.

Ce qui rend efficace l'action de Léon Bourgeois, c'est qu'il n'est pas un utopiste. Il est un homme informé ou, comme on dit, averti. La générosité de ses intentions ne lui cache pas les réalités. Il sait très bien, par exemple, qu'il est chimérique de croire le désarmement possible dans l'état actuel des relations entre les peuples. Il faut s'y préparer longuement en habituant les esprits à l'idée que la guerre n'est pas l'unique solution des conflits : « Le désarmement doit être une conséquence ; il ne peut être une préparation ». Léon Bourgeois croit à la nécessité perpétuelle des patries ; il a horreur de ce monde d'inimaginable laideur que serait, sans les patries, l'humanité. Patriote enthousiaste, il a donné dans un discours prononcé en Sorbonne, comme ministre de l'Instruction publique, une définition superbe de la France. Et lui, l'ambassadeur de paix aux conférences de La Haye, il a un des premiers applaudi au projet de loi sur le service des trois ans.

Prendre la Société comme elle est, l'humanité comme elle est, ne rien se dissimuler de nos défauts, de nos vices, et de nos barbaries, mais ne pas s'y résigner ; connaître l'immensité de l'effort à faire, en prévoir la très longue durée ; admettre que les espérances ne seront jamais pleinement réalisées, même après des siècles et des siècles, mais ne pas s'en décourager ; considérer dans l'histoire les

transformations et les indiscutables progrès accomplis par les générations successives, vouloir que
la génération à laquelle on appartient accomplisse
ou, tout au moins, prépare quelque progrès nouveau; être un ouvrier de cette œuvre d'humaine
solidarité : voilà le devoir que s'est proposé
Léon Bourgeois et l'idéal auquel il a conformé
sa vie.

ERNEST LAVISSE.

PREMIÈRE PARTIE

LA DOCTRINE ET LA MÉTHODE

I

LA POLITIQUE DE CEUX QUI PENSENT AUX AUTRES [1]

Mon cher ami Charavay vient de m'accabler d'éloges; je n'en retiens qu'un, celui-ci : j'ai de la bonne humeur ; mais comment n'en aurais-je pas ce soir, au milieu de vous? La bonne humeur est une grande force ; dans la lutte que soutiennent ceux qui ont l'honneur de représenter le pays et de défendre les institutions républicaines, la bonne humeur est nécessaire. Elle nous est facilitée par la sympathie des braves gens.

Je remercie ceux qui m'ont fait aujourd'hui l'amitié de se réunir autour de moi, autour de nous, à cette table, tous ceux qui sont venus ici de tous les points de la France affirmer notre indissoluble union, et notre inébranlable volonté de continuer l'œuvre entreprise sous l'invocation de Jean Macé.

Jamais la Ligue de l'Enseignement n'a été plus puissante, jamais son œuvre n'a été plus vivante et plus sûre de l'avenir.

[1] Discours prononcé au banquet offert par la Ligue de l'Enseignement, le 23 décembre 1895.

Je demandais tout à l'heure, à mon ami Leblanc, l'état de nos affaires ; j'avais besoin de le lui demander, car je suis un bien mauvais président de la Ligue, depuis que je suis président du Conseil, — et si, comme on l'a dit justement, *la Ligue et la République, c'est la même chose*, la République exige un travail plus absorbant.

Je viens de dire : la Ligue et la République, c'est la même chose ; je le voudrais bien, c'est-à-dire je voudrais bien que les exemples de la Ligue profitassent au pays tout entier, que l'esprit qui l'anime fût l'esprit de tous dans le pays.

La Ligue a établi entre les divers ordres de l'enseignement des points nombreux de contact, elle a su faire l'union entre eux ; elle a fait concourir à l'achèvement de l'enseignement primaire les maîtres de l'enseignement supérieur et de l'enseignement secondaire, qui lui ont donné largement leur temps et leur savoir...

Et c'est, non pas par ordre que les maîtres de l'enseignement supérieur ou les instituteurs créent des cours d'adultes, font des conférences, organisent des patronages ; ils estiment que leur tâche de fonctionnaires de la République n'est pas terminée quand ils ont rempli leurs fonctions officielles, ils estiment qu'on n'est un bon fonctionnaire de la République que si l'on sait employer ses heures de loisir à faire encore quelque chose d'utile et de bon pour la République.

Ils n'estiment pas qu'il suffit d'avoir de telle heure à telle heure occupé sa chaire dans son lycée ou dans sa faculté ; aussitôt la robe ôtée des épaules, il leur plaît de reprendre le bâton du chemin et de s'en aller par les routes de la campagne pour porter plus loin, là où elle n'a pas pu arriver encore, cette bonne semence de la vérité scientifique.

C'est une chose essentielle dans l'œuvre de la Ligue,

que cette union des trois ordres de l'enseignement, et cet exemple devra être suivi par l'Université tout entière.

Cette solidarité des trois enseignements, nous souhaitons de tout cœur que l'Université l'établisse chaque jour plus étroitement. Ce sera, à sa manière, une sorte de 89. N'est-ce pas en décidant le vote par tête et non par ordre aux Etats généraux que nos pères ont commencé la Révolution française?

*
* *

... Quand je disais tout à l'heure que je voudrais voir l'esprit de la Ligue se répandre, la République s'inspirer de ses idées, de ses doctrines, de sa manière d'être, je pensais précisément à ces utiles rapprochements des classes. Je pensais que ce rapprochement de ceux qui sont en bas et de ceux qui sont en haut, est le but véritable de la République.

Si la Révolution a aboli les trois ordres et placé tous les représentants du pays sur le pied d'une entière égalité; si, après avoir proclamé l'égalité des droits des représentants, elle a proclamé l'égalité des droits de tous les hommes, elle n'a pas encore cependant terminé la tâche nécessaire de la démocratie française; il ne suffit pas d'avoir proclamé l'égalité des droits, il faut encore que, dans la réalité des faits, chaque jour diminue l'inégalité des conditions. L'homme ne doit plus se considérer comme un être isolé : l'être humain est un associé, l'associé de tous ses semblables. Pour que la tâche de la société s'accomplisse il ne suffit pas que le droit de chacun soit respecté par tous, il faut aussi que le devoir de chacun soit acquitté envers tous. Il faut que peu à peu, par des œuvres comme la nôtre, nous répandions et que nous rendions familière dans le pays cette notion que

1.

l'homme n'est pas isolé, qu'il ne saurait se préoccuper seulement de la défense de ses intérêts et de ses droits, mais qu'à chacun de nous l'association est en droit de demander davantage. L'association humaine n'aura pas sa forme pacifique et définitive tant que chacun de nous n'aura pas acquitté sa part de dette solidaire dans cet échange de charges et de profits qui est l'objet de la société humaine.

On a vivement attaqué ceux qui ont l'honneur de porter la charge du pouvoir; on a été jusqu'à dire que nous étions peut-être les prisonniers de certains groupes ou de certains partis; nous sommes les prisonniers de notre idée et nous ne connaissons pas d'autre servitude.

Nous voulons lutter également contre toutes les servitudes, contre toutes les tyrannies; nous voulons lutter contre cette doctrine qui prétend imposer au libre développement de l'activité et de la volonté humaines le niveau, la tyrannie de je ne sais quelle puissance supérieure qui s'appellerait l'Etat, alors que l'Etat n'est à nos yeux autre chose que l'association des hommes libres.

Et nous voulons lutter également contre cette servitude morale qui s'appelle l'égoïsme, qui fait de la lutte pour l'existence individuelle le but et la loi de la société, et qui diminue la liberté et la dignité humaines en retranchant de l'action commune ce qu'il y a de plus élevé et de plus noble : l'accomplissement du devoir social.

Voilà les idées que nous défendons, et par là même j'ai défini nettement les frontières que nous reconnaissons à notre parti ; nous n'en sortirons pas, nous suivrons la voie ainsi tracée, sans une faiblesse, soyez-en sûrs, sans une hésitation, résolus à marcher toujours, puisqu'on ne suit que ceux qui marchent, et résolus à abandonner le pouvoir le jour où nous sentirons qu'il ne nous est plus possible d'avancer.

Ce n'est pas aujourd'hui que je puis développer un programme. Vous ne me le demandez pas, à moins que cela ne soit le programme de la Ligue, et vous le connaissez si bien que je n'ai pas besoin de vous l'exposer ; ce n'est pas à la fin de la session qu'on développe des programmes, c'est au commencement. Cependant je ne peux m'empêcher de le dire, et je demande qu'on se le rappelle, toutes les idées que nous avons inscrites, le jour où nous avons pris le pouvoir, dans une déclaration qui paraît avoir été entendue par le pays, sont inspirées des principes que je viens, en quelques mots très simples, d'essayer de résumer devant vous.

Les projets d'impôts aussi bien sur le revenu que sur les successions, le projet sur les retraites ouvrières, les projets sociaux dont nous avons pris l'initiative ou la responsabilité, qu'est-ce autre chose que la mise en pratique, que l'application de ces idées de rapprochement entre les riches et les pauvres, entre les puissants et les faibles, qui sont la raison d'être de notre politique et de notre action.

Je n'en prends qu'un exemple : en établissant le projet de budget nous y devrons inscrire d'une façon précise, nette, le programme d'assistance et le programme de prévoyance définitive de la République.

Il n'est pas possible, dans une démocratie comme la nôtre, qu'un être humain soit placé ou soit laissé dans l'impossibilité physique de pourvoir aux nécessités de son existence. Il faut que la Société ne permette pas qu'un être humain puisse ainsi mourir.

Nous avons déjà, dans l'ensemble de notre législation, bien des points de ce problème de l'assistance traités et résolus ; mais cela a été fait par morceaux, successivement, au hasard des circonstances. Il existe une législation sur les aliénés, une législation sur les enfants assistés, certaines parties de législation sur les malades ; l'assistance médicale dans les campagnes a été dernièrement organisée ; il y a ainsi une série de points déjà fixés et une série d'assises nettement établies, mais l'édifice tout entier n'est pas encore achevé. Il faut faire vivement et complètement le tableau de ces nécessités de l'existence, il faut se placer en face de ces besoins, et créer résolument les ressources nécessaires pour y pourvoir.

Deux catégories d'êtres ne sont pas véritablement assurés de rencontrer, à un moment donné, le soutien qui leur est dû, ce sont les vieillards et les infirmes, ceux qui n'ont pas de maladies nettement déterminées et qui cependant sont dans l'impossibilité de pourvoir, par leur travail, aux nécessités de l'existence. Aucun de ceux qui se trouvent dans l'impossibilité matérielle, physique, de pourvoir à leur existence, ne doit périr sur le sol de la République Française sans avoir été secouru et soutenu, tant que les lois de la nature auront permis de le secourir et de le soutenir.

Je me laisse entraîner peut-être à des détails trop précis, mais cet exemple montre clairement quel est l'esprit qui doit présider à chacun de nos travaux, quel est l'esprit qui doit dicter chacun de nos projets. Regardant dans son ensemble ce problème de l'assistance, j'ajoute qu'il sera moins difficile à résoudre si la prévoyance le prépare et en double les effets en en diminuant les charges. En effet, lorsque les retraites et les diverses assurances sociales seront organisées, le domaine de l'assistance se trouvera singulièrement réduit et les mêmes ressources lui permettront de secourir bien plus largement ceux qui devront encore s'adresser à elle.

Voilà, Messieurs, ce que la Ligue enseigne et voilà les idées que les membres de la Ligue qui font partie du

Gouvernement doivent tâcher de faire pénétrer dans cette grande Ecole supérieure publique qu'on appelle les chambres républicaines.

*

Messieurs, quelles que soient les opinions politiques, quelles que soient les tendances et la direction d'esprit de chacun dans la vie privée, on distingue très vite les hommes en deux catégories.

Et, je vous l'avoue, je dis assez volontiers moi-même que je partage les hommes en deux catégories : les braves gens et ceux qui ne le sont pas. Si vous le voulez bien, je donnerai cette autre formule : il y a deux sortes d'hommes, ceux qui pensent à eux, et ceux qui pensent aux autres ; eh bien, *nous voudrions faire la politique de ceux qui pensent aux autres*. C'est le programme du gouvernement.

Et nous estimons que ce rapprochement incessant et continu entre les classes et entre les hommes doit se faire, non pas par crainte, par peur d'un péril social, mais par sentiment du devoir social.

Ce devoir s'impose à nos consciences d'une inéluctable façon ; et si vous me permettiez de donner à ma pensée une forme un peu vulgaire, mais qui la précisera peut-être, je dirai que nous voulons simplement substituer, entre les citoyens, à la politique du poing fermé pour combattre, la politique de la main tendue pour secourir.

Messieurs, cette politique c'est celle du parti républicain démocratique ; je suis sûr qu'elle a dans le pays, dans toutes les parties de la population, l'adhésion véritable de tous ; que ceux qui, à un moment de découragement, de mécontentement, d'irritation, ont pu se laisser entraîner à des idées de violence ou de haine, ceux-là y renonceraient bien vite, si cette politique était définitivement instituée dans le pays.

Je suis sûr, d'autre part, que les éternels adversaires de la République, qui guettent chacune de ses fautes, sentiront singulièrement diminuer leurs espérances, s'ils en ont encore, et se décourageront vite dans leurs manœuvres s'ils s'aperçoivent que la République fait résolument, sans hésitation, sans recul, sans un moment d'arrêt, pénétrer chaque jour davantage dans l'ensemble de ses institutions les idées que je viens d'exprimer ici.

Je bois à la Ligue, je bois au grand enseignement de solidarité républicaine qu'elle donne. Puissent ces idées devenir le patrimoine commun de tous les citoyens dans la République.

II

LE PROBLÈME SOCIAL [1]
LA SOCIALISATION DES CONSCIENCES

Mesdames, Messieurs,

Ma première parole doit être pour m'excuser d'avoir été cause du long retard apporté à la réunion de ce deuxième Congrès de l'Éducation sociale.

Il y a plus d'un an, le Comité qui en avait préparé l'organisation était prêt à le tenir. Les convocations étaient déjà faites, quand, en me voyant empêché d'y prendre part en raison de circonstances plus fortes que ma volonté, le Comité décida l'ajournement jusqu'au jour où il me serait possible de revenir prendre ma place au milieu de vous. Témoignage de confiance et de sympathie qui m'a profondément touché. J'en remercie particulièrement nos amis de Bordeaux qui ont mieux aimé déranger tous leurs plans que de les poursuivre sans moi. Il me plaît d'y voir une première marque de solidarité et comme une leçon de choses qui pourrait servir de préface à nos travaux.

[1] Discours d'ouverture du deuxième Congrès national d'Éducation sociale, à Bordeaux, le 24 octobre 1908.

*
* *

Est-il nécessaire, en ouvrant ce deuxième Congrès, d'en
définir l'objet ? Ne suffira-t-il pas aujourd'hui, comme
lors de notre première session à l'Exposition universelle
de 1900, d'en énoncer le titre qui dit si clairement toute
notre pensée ? « Education sociale », tel est le domaine
précis où nous nous enfermons.

Non pas que nous oubliions l'autre partie du problème,
celle qui touche à l'instruction à tous ses degrés, surtout
l'instruction élémentaire pour laquelle il reste tant à faire :
les observations de M. Buisson l'ont récemment rappelé
au pays.

Mais notre œuvre propre vise peut-être plus loin encore.

Nous prenons le mot d'éducation dans son sens le plus
haut et le plus large : il s'agit de cette action plus diverse,
plus difficile à saisir, mais aussi plus intime et plus péné-
trante, qui s'exerce non seulement sur l'esprit, mais sur
le caractère, sur les habitudes et les mœurs. L'éducation
est pour nous l'art de la préparation à la vie : elle a pour
but la formation de la personne humaine tout entière. Et
le problème que posent devant nous les nécessités dou-
loureuses, les inquiétudes du temps présent, est celui-ci :
comment donner aux hommes, par une direction méthodique de l'éducation générale, l'esprit social, le sentiment
social, par lesquels se complète et s'achève la personne
humaine ? Comment développer en eux le besoin et la
volonté de vivre entre eux d'un vie véritablement sociale ?
Si une telle question a pu se poser sous tous les régimes,
c'est le nôtre qui lui donne le maximum d'urgence et
d'acuité. Dans nos grandes démocraties modernes, non
seulement chaque individu détient sa part de souveraineté
politique, mais il a sa part d'action toujours croissante

dans l'ensemble des mœurs. Les sociétés ont d'autant plus besoin d'une éducation qui soit une force motrice et directrice, qu'elles ne peuvent plus recourir à des contraintes extérieures qui jadis enserraient l'individu à tous les moments de la vie. C'est une condition d'existence nouvelle qui s'impose nécessairement aux sociétés comme la nôtre; l'ensemble des mœurs privées et publiques, au lieu de dépendre encore d'une autorité imposée à tous les esprits et régissant toutes les consciences, ne résulte plus que de l'accord consenti par les esprits et par les consciences, sur des règles de conduite jugées conformes à la fois aux lois nationales et à la loi morale.

Aux anciens pouvoirs régulateurs de l'action humaine, il faut donc que d'autres se substituent. — Il le faut, car certains symptômes, par exemple, dans tous les pays, la criminalité du jeune âge, l'alcoolisme, et particulièrement dans le nôtre la dépopulation, ne laissent pas de doute sur l'urgence d'une vigoureuse résistance au mal.

D'où viendra-t-elle? De la science des mœurs. L'heure est venue, suivant la parole profonde de Berthelot, de poser « les bases humaines de la morale ». Qu'on ne voie pas là une préoccupation spéciale à la France. N'est-ce pas la même pensée qui réunissait à Londres, il y a quelques jours, des représentants de toutes les nations du monde, et aussi de toutes les opinions politiques ou religieuses, pour collaborer à un grand effort en vue d'organiser, sur des bases communes à toute l'humanité, l'éducation morale? Et la fondation du Bureau central permanent destiné à représenter sans cesse aux yeux du monde cet intérêt supérieur à tous les intérêts n'est-elle pas la preuve d'une nécessité universellement ressentie?

*
* *

Que sera donc cette science des mœurs ?

Disons tout de suite que, puisque c'est une science, elle ne s'improvise pas. On n'en dictera pas *a priori* les conclusions. On ne les recevra pas d'un coup, faites et parfaites, *ne varietur*. Elle se fait à mesure qu'elle dégage les lois de l'ancienne morale. Et ces lois, que sont-elles, sinon les rapports observés entre notre être humain et le milieu où il se développe ?

Un des maîtres de la pensée contemporaine a donné la formule même de ces rapports avec une précision exemplaire :

« Il n'est pas, dit M. Boutroux, jusqu'aux choses
« morales proprement dites, aux sentiments des hommes
« touchant le bonheur, le devoir, la fin de la vie humaine,
« la valeur idéale des actions et des êtres, qui n'appa-
« raissent aujourd'hui comme la matière possible d'une
« « science des mœurs », analogue aux sciences physiques
« et naturelles... Tout se passe, peut-on dire, comme si
« notre sentiment de l'obligation n'était autre chose que
« la traduction, au sein de la conscience et dans son
« langage, du « rapport de dépendance », inaperçu en
« lui-même, mais inéluctable, qui lie la personne à ses
« conditions d'existence. »

Analysons ce « rapport de dépendance », et nous aurons trouvé l'objet même de cette science que nous voudrions, dans ce Congrès, appeler de son nom véritable, « la science des mœurs sociales ».

Cet objet, a-t-on dit, est de créer et de maintenir entre les hommes une harmonie que l'on peut considérer comme la condition essentielle de l'équilibre social. Nous ne repoussons pas cette formule, mais nous voudrions la déterminer aussitôt par les quatre conditions qu'elle suppose nécessairement :

Pas d'harmonie sans l'ordre.

Pas d'ordre sans la paix.

Pas de paix sans la liberté.

Pas de liberté sans la justice.

Qu'une seule de ces conditions vienne à manquer, il n'y a plus d'harmonie, il y a trouble dans la société. — Nous ne reviendrons pas sur la discussion de ces points que le Congrès de 1900 a entièrement considérés comme acquis. Ceux d'entre vous qui y ont pris part se rappellent certainement la belle discussion où fut établi si nettement qu'il n'y avait pas de paix dans la servitude, et qu'il n'y avait pas de liberté véritable dans l'injustice. Aussi, toutes ces questions se trouvent dès lors ramenées pour nous à une seule. Dans quelles conditions un individu doit-il être placé vis-à-vis de la société, — ou plus exactement dans quelles conditions réciproques, les individus, vivant en société, doivent-ils être placés les uns vis-à-vis des autres pour vivre sous le régime de la justice, c'est-à-dire pour que leur soit assuré ce premier bien social, la justice, sans laquelle la liberté, la paix, l'ordre, l'harmonie, aucun des autres biens sociaux ne peut exister?

En d'autres termes, l'effort du premier Congrès de l'éducation sociale fut de rechercher comment l'individu pouvait développer aussi complètement, aussi librement que possible toutes ses activités, toutes ses facultés, tout son être dans le milieu social, sans qu'il résultât de ce développement aucune injustice, c'est-à-dire aucun dommage pour autrui, sans que son développement arrêtât injustement celui d'un quelconque de ses semblables.

Pour formuler ce rapport de justice entre les hommes, il fallait et il suffisait que fût définie la situation vraie de l'individu dans la société.

Vous vous rappelez, Messieurs, que le Congrès de 1900 ne se déroba pas aux difficultés de cette définition. Un de vos rapporteurs, M. Bouglé, dans quelques pages excellentes, vous a montré par quelles adaptations successives la doctrine de la solidarité sociale s'était fixée sur ces points essentiels. Soit dans les travaux mêmes du Congrès de 1900, soit dans les discussions qui depuis lors se sont poursuivies à la Société d'éducation sociale et à l'École des hautes études, on a vu peu à peu comment se dégageait du fait inéluctable de la solidarité naturelle qui pèse sur toutes les existences humaines et du besoin également inéluctable de justice qui soutient et redresse toutes les consciences — la notion des droits et des devoirs mutuels des individus dans une société juste et libre, ou, d'un mot, la définition de l'homme social.

Nous n'avons pas aujourd'hui à reprendre ces discussions. Nous nous adressons à ceux qui reconnaissent avec nous que l'être humain n'est point un individu isolé, mais un associé de fait des autres hommes ; que l'effort de notre conscience est de transformer cette association de fait, inévitable, mais née des hasards de la force, en dehors de toute idée première de justice, en une association de droit, volontaire, réfléchie, librement consentie et dont la règle sera précisément la mutuelle et équitable réciprocité des droits et des devoirs ; où chacun soit prêt à acquitter sa part dans la dette sociale qui pèse à des degrés divers sur tous les hommes, et à supporter la responsabilité sociale de chacun de ses actes, responsabilité corrélative à sa liberté.

L'homme juste est pour nous celui qui, conscient des limites de sa liberté, accepte volontairement cette situation d'associé solidaire des autres hommes et qui acquitte les obligations qui découlent pour lui comme pour tous les autres de cette mutualisation des avantages et des risques de la vie sociale.

Et le premier objet de la science de l'éducation sociale sera précisément d'analyser et de définir ces charges, ces responsabilités sociales qui naissent pour chacun de nous, soit de nos actes personnels, soit de notre qualité de membres de la mutualité sociale et qui sont le rachat de notre liberté.

Pour constituer définitivement une science de l'éducation sociale, il sera nécessaire d'analyser, de discuter jusqu'en leur vif détail les deux ordres de faits qui entrent dans la trame de toute vie individuelle. Il faut arriver à développer parallèlement dans tout homme : d'une part, la conscience de l'autonomie de la personne, de l'autre, la conscience de sa responsabilité : le sens des droits de l'homme et le sens social.

Il est également nécessaire, ne nous le dissimulons pas, de réagir contre deux vices qui semblent s'exclure et qui ne sont pourtant que deux formes de la même impuissance : l'esprit de servitude et l'esprit d'égoïsme, l'un qui ne sait pas se révolter contre une pression injuste, l'autre qui ne sait pas se plier à de justes exigences. L'homme véritable est celui qui connaît les limites rationnelles de sa liberté et qui, dans ces limites, la défend énergiquement, mais qui connaît l'étendue de sa responsabilité et qui en accepte virilement les charges. Celui qui, tout en revendiquant sa liberté, en rejette les charges, en reporte abusivement le fardeau sur autrui, ne commet-il pas l'équivalent d'un acte de non-socialité, d'une faillite au pacte tacite de la collaboration sociale, bref, d'un détournement au préjudice de ceux qu'il fruste de sa part de contribution ?

C'est cette étude que nous avons désormais à poursuivre avec toute la rigueur de la méthode scientifique.

2.

Les séances d'un Congrès ne peuvent suffire pour épuiser un tel sujet. Mais le programme du travail y peut être arrêté, et du présent Congrès au Congrès futur, la Société pour l'éducation sociale, qui est pour ainsi dire votre organe permanent, pourrait reprendre chacun des points du programme et apporter à une session nouvelle des propositions et des conclusions. La division du travail s'indique d'elle-même : quel est à chaque âge, dans chaque situation de la vie, l'effort à consentir pour vivre vraiment de la vie sociale? Dans toutes les conditions et sous tous les aspects de leur existence, pour tous les hommes, se pose le problème social : dans la vie familiale, entre les parents et les enfants ; dans la vie économique, entre le patron et l'ouvrier; dans la vie politique, entre le mandant et le mandataire; entre le simple citoyen et le fonctionnaire. Enfin, ne se pose-t-il pas, sous une forme particuliérement délicate, en ce qui touche la condition des femmes, c'est-à-dire dans un domaine où subsiste peut-être la plus forte proportion d'injustices devenues inconscientes ?

Ainsi se proposent d'eux-mêmes les chapitres de notre travail :

L'éducation sociale à l'école, après l'école, dans l'enseignement secondaire et supérieur; au régiment. Le rôle social de la femme. L'organisation sociale du travail : le rôle social des Associations professionnelles, syndicales, corporatives ; le rôle social de la propriété ; le rôle social de la coopération dans la consommation, la production, le crédit. Le devoir social de protection de la santé et de la vie, l'hygiène sociale dans l'alimentation, l'habitation, l'atelier et l'usine. Le rôle social de la prévoyance mutuelle dans l'assurance contre la maladie, la vieillesse, l'accident, le chômage, etc., etc.

Enfin, ne l'oublions pas, le rôle social de l'impôt, où se

totalisent en définitive les primes d'assurances contre
l'ensemble des risques sociaux.

Que de problèmes dont l'urgence éclate à nos yeux et
qui ne peuvent être résolus que par cette préparation de
l'opinion publique tout entière à la conception sociale de
la vie. Certes, c'est une œuvre de longue haleine, mais en
est-il une qui puisse tenter de plus hautes ambitions ?
Nul de nous ne se flattera d'en voir la fin, trop heureux
s'il peut y verser, à son court passage dans la vie, l'im-
perceptible apport d'un peu de travail, de sympathie
clairvoyante et de dévouement.

*
* *

Messieurs, parmi ces problèmes, il en est un qui entre
tous travaille nos consciences et, à certains moments
tragiques, déchire nos cœurs. C'est le problème économique proprement dit, qui est le point aigu et douloureux sur lequel doit se porter surtout l'effort de l'éducation sociale.

Ici, sans doute, notre étude doit redoubler d'attention,
d'impartialité, de sûreté scientifique, tout imprégnée
qu'elle soit d'un sentiment d'humanité qui crie en nous
plus fort que la voix même de la science. Plus nous
sommes troublés par la détresse et la misère humaine,
incapables de répéter ce mot : « Les déshérités » sans
penser avec angoisse qu'il exprime une cruelle réalité,
plus il nous faut chercher ailleurs que dans le sentiment
la solution du problème.

Ce n'est pas une question de charité, répétons-le sans
cesse, c'est une question de justice.

Un maître qui a beaucoup fait pour l'avancement de la
philosophie des sociétés et notamment pour l'éclaircis-
sement du problème de la propriété sociale, examinait

récemment les formules collectivistes et communistes,
et réfutait avec une grande force les théories dites « du
droit au travail » et « du droit au profit intégral du travail ». Il semblait mettre sur le même rang de rêves
irréalisables, d'utopies que doit écarter la science, les
systèmes qui cherchent à assurer à tous non pas le droit
au bien-être ou au bonheur, mais strictement le droit à
l'existence — au minimum de l'existence.

Il n'y a, à nos yeux, rien de commun entre l'affirma-
tion de ce droit et les théories collectivistes. Les unes
conduisent plus d'une fois aux mêmes conséquences que
l'égoïsme absolu. L'autre découle au contraire du sentiment profond de la solidarité morale et de la solidarité
sociale.

Nous affirmons qu'il y a une morale économique, qu'il
y a des droits de l'homme dans cet ordre, aussi bien que
dans l'ordre politique. Certes, les deux domaines sont
distincts, mais ce n'est pas le fond du droit qui diffère
dans les deux domaines : ici et là, la notion de mutuelle
justice suffit à créer l'existence du droit. Mais, tandis que
dans l'ordre politique, ce que l'on commence ordinaire-
ment par définir et évaluer, c'est pour ainsi dire le droit
de l'individu pour le défendre contre l'injustice possible
des autres hommes, dans l'ordre économique, où cette
définition, cette évaluation préalable est impossible,
c'est par la définition du devoir de l'ensemble des membres de la société envers chacun d'eux que procède le
législateur.

N'est-ce pas ainsi qu'ont procédé nos Chambres républicaines en organisant la protection des travailleurs contre
les accidents, en créant, par une première loi de solidarité véritable, l'assistance obligatoire pour les infirmes
et les vieillards ?

On dit qu'admettre le droit à la vie, ce serait s'acheminer vers la communauté des biens ? A ce compte tout prélèvement d'impôts sur la fortune des particuliers pourrait être considéré, théoriquement, comme un acheminement semblable !

On ne peut nier le droit à la vie sans se replacer sur le terrain de la lutte brutale pour l'existence, sans aboutir, en dehors de toute justice, à la théorie de la survivance du plus fort.

Nous croyons que l'objet dernier du droit est de substituer dans les rapports des hommes l'idée supérieure de contrat et d'association à celle de concurrence et de lutte. Nous ne pouvons donc concevoir une association formée pour le développement et le progrès de la vie commune entre les hommes, sans que cette existence soit assurée par l'effort de tous, à chacun des associés, dans les limites où le permet la nature des choses, et si cet associé est dans l'impossibilité matérielle ou morale de la conserver par son propre effort.

On dit encore que la société actuelle est suffisamment régie par les règles de la justice, puisqu'elle garantit en somme l'égale liberté pour tous.

Nous ne croyons pas, Messieurs, qu'il y ait actuellement dans l'ordre économique égale liberté pour tous. Il y a liberté jusqu'au privilège pour quelques-uns. Il y a absence de liberté jusqu'à l'oppression pour un trop grand nombre.

Et c'est précisément à cet état de choses que l'éducation sociale doit et, suivant nous, peut apporter le remède nécessaire. Le remède, c'est de transformer l'interdépendance fatale, aveugle et inégale qui résulte des vieux errements sociaux, en une interdépendance volontairement et rationnellement établie sur le respect égal des droits égaux de tous.

Nous l'avons déjà maintes fois expliqué : il s'agit de

mettre les hommes dans un état de conscience nouveau tel qu'ils reconnaissent leur dette sociale et que, résolus à l'acquitter en associés loyaux, ils entreprennent non pas d'établir le décompte impossible du doit et de l'avoir, tête par tête, mais de faire masse des risques et des charges de l'État social. C'est cette mutualisation suivant l'équité qui devient la règle suprême de la vie commune.

Nous ne croyons pas que l'on puisse jamais, par des arrangements d'autorité, par l'intervention de l'État, réglementer la distribution du travail et du profit. La liberté, comme la propriété, est la condition de tout progrès individuel et collectif, et si l'association doit se substituer à la lutte entre les hommes, c'est une association entre hommes libres.

Mais il n'y a pas de propriété sans charges, il n'y a pas davantage de liberté sans responsabilités.

Qu'une liberté quelconque poussée à l'excès produise des effets injustes, liberté du travail ou liberté du capital, peu importe : il y a injustice, il y a obligation de la réparer, et si ces effets injustes dépendent de la solidarité inévitable des membres de la société, c'est-à-dire d'une cause sociale, c'est à l'ensemble des intéressés, c'est-à-dire à la loi commune consentie par tous qu'il appartient de les réparer.

Il ne suffit pas que l'on prononce très haut et très sincèrement le grand mot de liberté, il ne suffit pas qu'une loi nous dise : les hommes sont libres. C'est la réalité de cette liberté qu'il faut assurer. Et si l'exercice en est, en fait, empêché, supprimé souvent par ce que l'on appelle trop aisément les fatalités naturelles et économiques, l'obligation existe pour l'ensemble des associés de réagir par un effort commun de justice et de solidarité contre ces causes de désordre dont la fatalité n'est bien souvent

qu'apparente et dont la masse redoutable se désagrégera
bien vite dès que la prévoyance et l'association des faibles
seront organisées, les libertés syndicales assurées, la
mutualité de l'épargne et du crédit constituée par des
lois de large esprit social.

*
* *

Messieurs, nous n'entendons pas nous préoccuper ici
des partis politiques. Nous laissons volontiers de côté les
dénominations retentissantes, où les uns et les au:res
voient plus souvent des armes de combat que des ins-
truments de recherche et de vérité.

Nous ne nous passionnons pas à la querelle des mots :
individualisme, socialisme, collectivisme, communisme.

Les formules célèbres :

A chacun selon son travail,

A chacun selon ses besoins,

et tant d'autres, nous semblent plus riches de bruit que
de sens ; elles s'entre-croisent depuis plus d'un demi-
siècle sans résultat. De toutes ces quantités, la mesure
est évidemment impossible à déterminer d'avance.

Considérant ce que doit être, selon la justice, une
société d'hommes libres et conscients, nous disons nous,
simplement : *à chacun selon ses droits d'associé.*

Ce simple énoncé de la forme la plus élémentaire de
la justice — l'association entre hommes libres sur le
pied d'égalité — paraît, aux socialistes, suspect d'esprit
conservateur. Ils se trompent : nous ne conservons pas
l'égoïsme.

Inversement, il paraît, à certains économistes, entaché
de complaisance pour la révolution sociale. Ils se trompent aussi : la révolution que nous souhaitons part de
la conscience humaine et aboutit, par la loi, volonté

commune des hommes éclairés, à la justice sociale.

Justice sociale et solidarité : deux termes qui n'en sont qu'un, « le mot le plus humain, a-t-on dit, que possède la langue humaine ».

C'est vers ce but que s'oriente la discipline naissante que nous appelons l'éducation sociale. Elle vise a créer un *moi* nouveau, le *moi* qui ne se posera plus tout seul, qui ne parviendra plus à se concevoir sans se concevoir partie d'un tout.

Nous sommes moins impatients de socialiser les choses que les esprits. Au-dessus des combattants, nous nous efforçons d'élever un idéal où chacun d'eux reconnaisse ce qu'il y a d'esséntiel dans sa pensée. Autant que les individualistes, nous gardons le souci du droit; mais, autant que les socialistes, nous avons le souci du devoir social. Nous leur faisons apparaître non pas venu du ciel, ou rélégué au ciel, mais sortant du fond de leur être et exprimant ce qu'il y a de meilleur en eux-mêmes, le type d'une société de raison où en réalité tous les hommes pourraient « naître et demeurer libres et égaux en « droit ».

Et nous avons cette foi en l'âme humaine qu'il ne lui est pas possible de repousser à jamais la vérité et la justice : un jour vient où il faut qu'elle se rende.

* *

L'objet dernier de la science sociale est de créer dans le monde une force d'organisation qui en assure l'unité harmonieuse et le développement pacifique dans la liberté.

Nous croyons que c'est par l'éducation sociale seulement que cet objet pourra être réalisé. Nous croyons que ce développement ne peut être obtenu que par la liberté, mais qu'il n'y a pas de liberté réelle en dehors d'une mutuelle justice.

Le but de l'éducation sociale est de donner aux hommes le sens, le besoin et la volonté de cette justice mutuelle, de créer en eux la conscience sociale, qui nous fait reconnaître dans un autre homme, non un concurrent, un ennemi, mais un associé nécessaire, égal en droits et en devoirs et avec lequel nous mutualiserons, sous une garantie d'exacte réciprocité, les avantages et les risques de la vie commune et nous soutiendrons en alliés fidèles la lutte éternelle contre les servitudes et les fatalités de la nature inconsciente.

A quoi servirait d'avoir socialisé par quelque immense coup de force la masse des choses, si les hommes restaient divisés, ennemis, se déchirant devant ce bloc de trésors. Ce ne sont pas les biens, ce sont les esprits et les consciences des hommes qu'il s'agit de socialiser. Une fois éveillée au sens de la justice sociale, laissons marcher librement la personne humaine : elle fera son devoir.

III

LA MÉTHODE SCIENTIFIQUE [1]

Mesdames, Messieurs,

Je m'acquitte d'abord de ma tâche de président du Congrès en adressant nos remerciements à tous les orateurs que nous venons d'applaudir :

Merci à eux, merci à vous, Messieurs, et, par l'effort de tous, souhaitons bon succès à nos deux Congrès.

*
* *

J'en viens, Messieurs, particulièrement à notre Congrès de l'Alliance. Quels vont être ses travaux, son programme, son fonctionnement ? Surtout quel est le but que doivent se proposer ceux qui prennent part à ses travaux ? Je voudrais l'examiner brièvement.

Nous nous réunissons chaque année sur des points divers de la France ; en faisant ces voyages périodiques à travers toutes les régions du pays, nous nous proposons un double objet : d'abord nous voulons prendre partout contact avec les œuvres locales et régionales, nous efforçant de les bien connaître et de les bien com-

(1) Discours prononcé à la séance d'ouverture du Congrès d'Alliance d'Hygiène sociale, à Lyon, le 13 mai 1907.

prendre, afin de les faire connaître et comprendre à d'autres. Nous nous proposons en outre de leur apporter, dans la mesure où nous le pouvons, le concours de notre bonne volonté, les conseils des maîtres qui sont nos guides, et surtout l'appui de l'opinion publique que nous nous efforçons d'agiter dans l'ensemble du pays. Aussitôt revenus d'un de nos Congrès, nous nous préparons à en organiser un autre, nous cherchons quelle ville nouvelle nous allons choisir pour y répandre sur un terrain nouveau la bonne semence déjà recueillie et pour en recueillir une nouvelle. Incessamment, nous voudrions ainsi faire profiter — et c'est toujours notre méthode de mutualisation — toutes les régions de la France des résultats déjà acquis, du bien déjà fait par chacune d'elles.

Ainsi dans ce Congrès de Lyon, nous allons recevoir des leçons admirables ; en dehors des leçons théoriques, nous aurons celles que nous donneront les institutions et les œuvres de la ville. Ce n'est pas le moment de parler avec détails de ce que nous allons voir à l'Exposition d'hygiène à peine ouverte et que nous n'avons pu visiter encore ; mais il y a dans l'œuvre sanitaire, dans l'œuvre d'hygiène de Lyon, des séries d'œuvres anciennes dont chacun peut déjà connaître les résultats. Messieurs, on a fait allusion aux maires de Lyon, qui ont successivement administré votre cité depuis 1870 ; on a prononcé les noms de MM. Gailleton et Augagneur, auxquels j'ajoute le nom de M. Herriot. Tous ces administrateurs de Lyon, depuis trente ans, se sont efforcés de faire de cette grande cité, foyer ardent d'industrie et de commerce, et malheureusement aussi, disons-le, foyer de maladies urbaines par le fait même de l'extraordinaire condensation de sa population — une ville saine dans laquelle soit enrayée la maladie et diminuée la mortalité. Et point n'est besoin d'entrer dans des détails pour mesurer les efforts dépensés et calculer les résultats obtenus. Il suffit de relever ces chiffres que l'on citait tout à l'heure : grâce à ces efforts méthodiques et continus, l'administration lyonnaise a fait tomber la mortalité de 24,5 $^{\circ}/_{\circ\circ\circ}$ à 18 $^{\circ}/_{\circ\circ\circ}$ dans ces dernières années. Quand on peut dire que l'administration d'une grande ville a épargné par an 3,000 existences, ne peut-on pas ajouter qu'elle a bien mérité du pays tout entier ?

*
* *

Ces beaux exemples lyonnais, nous comptons bien, Messieurs, en répandre la connaissance dans l'ensemble de ce pays. En échange, n'avons-nous pas à vous apporter quelques bonnes nouvelles, à vous signaler quelque bien réalisé dans d'autres parties de la France ? Cette année, depuis notre Congrès de 1906, s'est-il réalisé quelques progrès dans les questions que nous étudions ?

Oui, je suis heureux de dire qu'un événement très important pour notre cause s'est accompli cette année au Congrès mutualiste de Nice.

Il est certain que, dans ce grand Congrès, la mutualité française a pris définitivement conscience de son rôle dans l'évolution du pays. Je crois que de ce Congrès dateront, pour elle, des progrès nouveaux, très grands, de propagande et de réalités accomplies. Le Congrès de Nice est arrivé à définir les conditions, à déterminer la création d'un de ces organismes sociaux qu'il est si difficile d'apercevoir sous leur forme définitive et dont chaque jour nous révèle un développement nouveau : je veux parler du *dispensaire d'hygiène sociale*, qui est comme le carrefour de toutes les institutions de mutualité. C'est le Congrès de Nice qui, sur le très beau rapport de notre vaillant collègue Fuster, nous en a donné la formule. Ce dispensaire n'est plus seulement un dispensaire contre la tuberculose ; celui-là avait été déjà entrepris par la mutualité française. Le nouvel organe est institué pour combattre ou pour prévenir toutes les maladies évitables, et le Congrès de Nice s'est proposé d'amener les ressources et la clientèle de la mutualité vers cet instrument d'action préservatrice, préventive, pour faire produire à cet instrument le maximum de son effort contre *l'ensemble des maladies*. J'ajoute que, dans la pensée de ses promoteurs, le dispensaire d'hygiène sociale n'aura pas seulement pour but de veiller sur la santé de l'individu, il veillera sur la santé de la famille tout entière ; il ne séparera pas l'individu de ses proches ; il sera, suivant l'expression de M. Fuster, « outillé en vue de protéger la famille entière, à la fois par l'éducation, la prophylaxie et l'assistance à tous les degrés et à tous les âges » ; il exercera son action sur tous les êtres réunis autour du même foyer.

L'heure n'est pas venue d'entrer dans les détails du fonctionnement de ce dispensaire que la ville de Nice a résolu d'organiser, mais il m'a semblé qu'au début même de nos travaux, il était nécessaire d'en citer le nom, d'en indiquer les lignes générales ; cette création constituera un progrès véritable dans le domaine de l'hygiène. En le faisant connaître ici, nous répondons à l'un des objets de nos congrès, nous rapportons de l'un à l'autre point de la France les exemples utiles et nous tâchons de faire profiter chaque région des leçons, des expériences, que nous avons recueillies ailleurs.

*\
* *

Qu'est-ce que nous sommes, d'ailleurs, nous-mêmes, qu'est-ce que notre association, sinon un dispensaire général de la vie sociale, un dispensaire d'idées, de

leçons de choses, où nous nous efforçons de répandre les
méthodes de préservation, de prévoyance, applicables à
tous les risques de la vie sociale ? Si nous concevons notre
action dans son ensemble, nous l'apercevons comme
ayant un triple objet : notre Alliance est un laboratoire
d'idées, un foyer de propagande de ces idées, un instrument de réalisation de ces idées, avec et par tous ceux
qui s'occupent des mêmes questions que nous.

Elle est, avant tout, un centre d'élaboration des idées
sociales. C'est, en effet, l'œuvre scientifique et morale à
laquelle nous nous consacrons d'abord. Nous avons une
direction et nous croyons qu'elle est solide, qu'elle est
vraie ; cette direction, c'est la direction scientifique.
M. le professeur Arloing l'a dit tout à l'heure : de plus en
plus, il importe que ce soit la vérité scientifique qui
devienne directrice de la pensée et de la conscience des
citoyens. Nous nous abstenons de toute théorie préconçue
en matière sociale. C'est la recherche scientifique de tous
les maux sociaux et des conditions dans lesquelles ils se
produisent, c'est la recherche des moyens que la science
met à notre disposition pour les prévenir et les combattre,
qui sont l'objet de nos préoccupations. Nous appelons
mal social tout mal dont les causes sont en dehors de
l'individu et dont l'effet peut dépasser l'individu et s'étendre autour de lui. Il y a mal social toutes les fois que les
causes du mal ne sont pas dans l'individu, mais résultent des conditions sociales dans lesquelles il vit ; il y a
mal social toutes les fois que le mal qu'a subi cet individu ne s'arrête pas à lui-même, mais se répand autour
de lui et va s'étendre à sa famille, au milieu dans lequel
il vit, à toute la société. C'est donc la recherche des causes
des maux sociaux et des moyens de les combattre qui
constitue la tâche doctrinale de l'Alliance d'hygiène
sociale.

A quelles conclusions nous a conduits cette recherche, vous le savez, Messieurs : à l'idée du *devoir social*, de l'*obligation* pour la société de combattre et de prévenir les maux dont la cause n'est pas dans l'individu lui-même. Et nous convions toutes les bonnes volontés à cette œuvre de science et de morale ; nous disons à tous : voici des maux dont l'individu n'est pas responsable, c'est autour de lui, c'est *avant lui* que sont nés les germes du mal dont il souffre et dont il meurt ; c'est autour de lui, *après lui*, que les conséquences de ce mal continueront à se produire, que d'autres en souffriront, en mourront. La société tout entière n'est-elle pas intéressée scientifiquement — et n'est-elle pas obligée moralement — à agir ? — Là est notre doctrine, Messieurs, et nous tenons ainsi vraiment école de devoir social.

Par quelle méthode soutiendrons-nous cette lutte ? Comment arriverons-nous à faire qu'autour de cet individu la cause du mal disparaisse si possible, que les effets de son mal diminuent, disparaissent à leur tour ? Cette question de méthode est celle qui est véritablement au fond de toutes nos discussions. Pour nous, elle se résout d'un mot : il faut substituer partout, en ce qui touche les maux évitables, *la méthode de prévoyance* à la méthode d'assistance.

Il ne faut jamais attendre que le mal soit né : il faut savoir où il naîtra ; par où il naîtra ; il faut aller porter l'effort non pas sur le mal lui-même, au moment où il a déjà éclaté, alors qu'il est trop tard pour le combattre ; il faut le combattre dans son germe, dans ses causes, il faut agir contre lui avant qu'il soit né.

Prévoyance, et non assistance : voilà le principe directeur de l'hygiène sociale.

Par quels moyens organiser cette prévoyance ? Ira-t-on au hasard, à tâtons, pour ainsi dire, à travers la forêt des maladies sociales, lutter en ordre dispersé? Non, cela serait inutile. Que peuvent, sans une coordination, une organisation d'ensemble, les meilleures volontés, le courage, le dévouement? Que peut même l'héroïsme du médecin risquant sa vie au milieu d'une épidémie? '

Ce qu'il faut, c'est contre tous les maux possibles la *coordination de toutes les prévoyances*, et les règles de cette coordination nous seront données par la science elle-même, observant l'être humain dans toutes les conditions et dans tous les risques de son développement : dans son alimentation, son habillement, ses soins de propreté, son habitation, son travail, dans l'ensemble de son milieu.

Et dans le temps comme dans l'espace, c'est l'ensemble de la vie de l'être humain qu'il s'agit de considérer.

A quel moment faut-il commencer à lutter pour lui? A quelle heure est-il temps de se lever pour ce combat? Avant le jour, c'est-à-dire avant même la naissance de cet être. Ce n'est pas seulement l'enfant sur qui il faut veiller, c'est la mère avant que l'enfant ne soit né, qu'il faut avoir préservée, défendue. Et cet enfant sur qui nous aurons déjà veillé avant sa naissance par l'ensemble des œuvres qni s'adressent à la femme enceinte, à la femme en couches, il ne faudrait plus cesser de le suivre : dès les premiers jours, au moment de l'allaitement, toujours si grave; dans sa petite enfance, où il doit être préservé des contagions possibles du milieu familial; pendant l'âge scolaire, où l'inspection médicale doit ne perdre de vue ni l'enfant, ni l'école, et où d'autre part il devra recevoir cette éducation de l'hygiène qui seule lui donnera pour l'avenir de bonnes habitudes de propreté, d'alimentation, et lui permettra de veiller plus tard lui-même à la salubrité de son foyer. Puis viendra la caserne, où, comme à l'école, la double surveillance de l'individu et du milieu s'impose impérieusement; puis l'atelier, l'usine, le bureau, où les contacts dangereux se multiplient et s'aggravent, et où la préservation, par une organisation rigoureuse de l'hygiène, peut seule diminuer la morbidité et la mortalité si grandes dans le monde du travail urbain.

Et, Messieurs, à chacune de ces étapes de l'être humain, à chacun des risques nouveaux qu'il court en s'avançant dans la vie, en passant d'un milieu dans un autre, doivent correspondre des œuvres, des organisations privées ou publiques, de vigilance, de préservation, de prévoyance. Œuvres du lait, œuvres de préservation de l'enfance, œuvres scolaires et post-scolaires, mutualités de toutes sortes, œuvres des habitations ouvrières, ligues antialcooliques, antituberculeuses, bureaux municipaux d'hygiène, inspection des écoles, du travail, etc. Et, pour que toutes ces actions se complètent et donnent leur rendement le plus élevé, pour qu'il n'y ait entre elles ni lacunes, ni double emploi, il faut une entente, une coordination, une mutualisation de tous ces efforts. Ce sont les règles de cette organisation, vraiment scientifique, de l'ensemble des actions de prévoyance que nous recherchons dans ces congrès de l'Alliance.

J'ai dit que nous suivions une méthode naturelle. Et c'est bien ce que nous faisons en suivant ainsi l'enfant et l'homme, depuis la naissance jusqu'à la pleine maturité.

A un autre point de vue, nous devons encore nous conformer à l'exemple de la nature. Notre action doit s'exercer, non seulement sur l'individu, mais sur la famille tout entière. Comme je le disais tout à l'heure en parlant des dispensaires, ce n'est pas seulement l'un des membres de cette famille, c'est la famille dans sa vie commune qui est l'objet de nos préoccupations. Tout à l'heure, avant la séance, je causais avec M. Cheysson d'une question qui est du plus haut intérêt : du rôle de la

femme dans les questions de mutualité. Il me montrait
combien était supérieure la mutualité familiale, qui
comprend à la fois la femme, le mari et l'enfant, à la
mutualité comprenant seulement le chef de famille.
M. Cheysson me disait : « Quand le mari appartient seul
à une société, quelle qu'elle soit, mutuelle ou autre, et suit
ses réunions, il y multiplie ses relations avec des camarades, il y trouve mille occasions de ne pas rester à son
foyer. » La femme, elle, ne voyant aucun profit à attendre
de cette société qu'elle ignore et qui l'ignore, lui devient
hostile, parce qu'elle semble la séparer de son mari. C'est
ainsi que, trop souvent, la femme nie les bienfaits de la
mutualité dont elle profitera cependant, mais d'une façon
trop indirecte.

Que l'enfant, par la mutualité scolaire, soit introduit
dans l'organisation prévoyante, que la femme, en un mot
que la famille entière en fasse partie grâce à la mutualité
familiale, et non seulement l'œuvre de prévoyance se
complète et profite à tous ceux qui doivent en profiter
justement, mais encore une œuvre d'éducation, de mora-
lisation s'accomplit; en prolongeant dans la grande
famille mutualiste l'association naturelle que forme la
famille, on resserre les liens entre le mari, la femme et
les enfants, on consolide le foyer en intéressant tous ses
membres à la cause de la prévoyance commune, c'est-à-
dire à l'idée de mutuelle solidarité.

★
★ ★

Messieurs, j'ai voulu simplement montrer comment il
est possible de suivre à toutes les périodes de l'existence
de l'individu une même méthode toujours concordante à
la nature et à la science. Mais ce n'est pas seulement le
groupe familial, après l'individu, que nous devons cher-

cher à défendre et à préserver, il est souhaitable que nous puissions organiser le plus possible dans chaque commune, dans chaque région, la *mutualisation des moyens de prévoyance*. Il faut que nous fassions comprendre qu'une solidarité naturelle existe entre gens qui habitent le même point de la terre ; il faut que nous fassions comprendre qu'il y a entre eux des liens mystérieux de bien et de mal, une répercussion inévitable sur tous des actes de chacun, d'où découle pour eux le devoir de s'entr'aider, de s'associer. Ils font partie, eux aussi, d'une famille dans le sens naturel du mot : il y a, entre ceux qui sont groupés dans une même vallée, sur une même montagne, de mêmes qualités et de mêmes défauts, il y a une affinité d'hérédité ou de milieu qui crée pour eux des dangers communs et exige pour eux une même protection commune, volontaire et mutuelle : comme la défense du groupe naturel familial, doit s'organiser méthodiquement la défense du groupe naturel local.

Il faut, Messieurs, que ces liens de l'action méthodique forment un réseau qui ne cesse de s'étendre et de resserrer ses mailles. Toutes les fois que l'on aura créé ainsi entre les habitants d'un même groupe communal, local, régional, ces liens fraternels et réciproques, on aura fait quelque chose de très utile non seulement au point de vue de la prévoyance contre les maladies, mais dans le sens d'une utilité bien plus générale encore, et plus haute, dans un sens véritablement social. En effet, avec les tendances inévitables à notre époque, qui poussent les hommes au groupement uniquement professionnel et économique et qui font que l'association se crée de toutes parts entre hommes ayant la même profession et les mêmes intérêts matériels, la division de classes tend à s'aggraver entre citoyens. Il serait bien dangereux de voir s'accuser encore cette opposition des intérêts et il importe de donner à cette force redoutable de *division*, que les faits économiques rendent irrésistible, un contrepoids dans un groupement différent, où pourront se réunir au profit du pays les *forces d'association* normale agissant précisément dans le sens de la nature elle-même et qui défendront, contre l'action désorganisatrice de la lutte économique, les groupements de la vie naturelle et intégrale.

*
* *

Voilà quelles sont les idées dont il nous semble que l'Alliance d'hygiène sociale a le devoir de répandre les bienfaits parmi les citoyens. Elle est le foyer de propagande de ces idées ; elle les enseigne par ses congrès, par ses discussions publiques, par l'exemple même qu'elle donne d'une tentative de mutualisation des efforts de la prévoyance. Vivons cette prévoyance et pratiquons cette mutualisation des efforts ; montrons qu'il y a des hommes qui s'associent sur tous les points de la France pour faire en commun la prévoyance pour tout le monde. C'est une leçon que nous donnons rien qu'en manifestant notre effort commun. Donnons cette leçon sous toutes les formes, par tous les exemples, propageons-la de toutes les manières. Messieurs, je suis persuadé qu'il n'y a pas d'œuvre si bonne qui ne puisse devenir meilleure en se mutualisant avec une œuvre voisine. Mabilleau nous montrait, à Nice, dans un de ces rapports éloquents qui lui sont familiers, comment s'était faite entre la Mutualité et la Société des habitations à bon marché une alliance profitable pour l'une et pour l'autre. Il avait donné cette formule : la mutualité, c'est la clientèle et c'est la ressource des habitations à bon marché.

C'était vrai : il y avait d'un côté des sociétés d'habitations à bon marché qui avaient quelques ressources et beaucoup de science, et il y avait de l'autre des mutualités qui avaient des ressources et peu de science. En juxtaposant ces forces complémentaires, on pourra faire et l'on fera ce qu'elles ont été jusqu'ici impuissantes à faire séparément.

Dans la mutualité elle-même, il y avait des mutualités voisines, amies, mais ne se pénétrant pas ; elles faisaient chacune chez soi le secours pour la maladie ; mais il y avait un certain nombre de services que l'on a appelé les services supérieurs, et que chacune de ces sociétés de secours mutuels était trop faible pour entreprendre.

Unissez-vous, fédérez-vous, a-t-on dit aux mutualistes, et vous donnerez à vos unions, à vos fédérations l'organisation de ces services supérieurs ; faites entre vous de la réassurance, vous pourrez alors faire, étant unies, ce qu'il vous était impossible de faire étant séparées. C'est là, Messieurs, ce que nous vous proposons de faire pour l'ensemble de l'hygiène sociale : nous aussi, mutualisons nos œuvres de prévoyance, tâchons de les grouper, efforçons-nous d'établir entre elles un plan de travail, une répartition rationnelle des besoins et des efforts, une aide réciproque et bien combinée, et nous aurons accru dans une proportion incalculable le rendement social de tant d'initiatives aujourd'hui dispersées.

*
* *

Mais nous ne devons pas nous borner purement et simplement à prêcher ces règles de la division du travail et de la coordination des efforts qui constituent la loi naturelle de toute évolution ; nous voudrions aller plus loin et devenir un *instrument actif* de la réalisation de ces idées. A cet égard voici notre souhait : nous vou-

drions trouver dans chaque partie du pays un bon
citoyen, un homme ardent, dévoué aux œuvres locales,
les connaissant bien, persuadé de cette idée que les
œuvres qui s'associent croissent et prospèrent; nous lui
demanderions spécialement son concours *pour associer
les œuvres locales* de sa région. Quelle certitude de succès
s'il existait dans tous les cantons de France, ce bon
citoyen, capable d'assurer le groupement et l'entente des
œuvres locales! Je lui donnais ce matin un nom en cau-
sant avec notre ami Fuster : ce qu'il nous faudrait, un
peu partout lui disais-je, « c'est un *moniteur de mutualisation* des efforts sociaux ! » Et peut-être sa tâche serait-
elle moins lourde qu'elle peut d'abord le paraître ; il
suffirait qu'il fût convaincu et qu'il eût quelque persévérance ; nous lui fournirions les arguments nécessaires et
la cause est si juste, qu'il serait bien vite entendu et
suivi par les gens de bonne volonté.

*
* *

Enfin, Messieurs, nous avons une prétention plus
haute encore ! Vous allez trouver qu'en vérité nous voulons conquérir le monde ; en tout cas, rassurez-vous,
nos conquêtes sont sans danger. Nous avons dit comment
nous essayons d'être les *moniteurs* des efforts sociaux
dans les associations, les groupes locaux ; mais ne pour-
rions-nous pas aussi remplir la même tâche auprès des
pouvoirs publics, nous faire les *moniteurs* des efforts
sociaux de la nation ? Pourquoi pas ?

Nous ne nous mêlons en aucune façon aux querelles
des partis. Nous sommes comme le médecin que l'on
appelle dans une famille et qui ne s'occupe pas des querelles d'intérieur, mais songe exclusivement à la guérison de son malade. Nous voudrions être un peu les méde-

cins sociaux. Nous offrons, non pas une panacée, mais
une bonne méthode faite de prévoyance, de sagesse et de
raison, pour que le mal, à temps, soit évité. Nous la
prêchons à d'autres, nous pouvons la prêcher aux pouvoirs publics.

Nous n'avons pas besoin de prendre parti sur la grave
question de savoir quelle est la limite théorique qui doit
séparer la prévoyance libre de la prévoyance obligatoire.
Nous n'avons entre elles aucun système à défendre :
nous savons que nous avons, en fait, besoin de l'une et
de l'autre. Là où nous trouvons des initiatives, nous les
respectons toujours, nous tâchons de les développer ;
mais nous trouvons ailleurs des maux que l'initiative privée n'a pas prévenus, qu'elle est impuissante à guérir. Ici,
une lacune existe ; il faut qu'elle disparaisse pour le bien
de tous : nous nous adressons aux pouvoirs publics. Il y
a, hélas ! dans le domaine des maux qui frappent l'homme
en société, assez de place pour tous les efforts, pour
l'effort partiel de la prévoyance libre et pour l'effort
national de la prévoyance obligatoire. Agissons sans
parti pris, c'est l'expérience même qui déterminera bientôt les points où le plus utilement doivent être placées
leurs frontières respectives. Répétons-le, nous respectons les initiatives privées partout où elles se sont pro-
duites, et nous cherchons à les développer ; mais là où il
n'y a rien, nous disons qu'il y a quelque chose à faire ;
l'idée de l'obligation s'impose alors à notre esprit et nous
demandons à la commune, au département, à l'État, à
l'ensemble des citoyens, d'acquitter cette obligation.

Cette intervention des pouvoirs publics peut d'ailleurs
se produire sous les formes les plus diverses. Elle n'implique pas nécessairement l'obligation d'une action personnelle pour chacun des citoyens, mais bien souvent
celle d'une action collective exécutée par leur volonté et

en leur nom, avec l'ensemble des ressources communes.

C'est ainsi que nous nous tournons vers l'école, vers l'enseignement public et que nous demandons à l'école de comprendre obligatoirement l'enseignement de l'hygiène dans son programme.

C'est ainsi que nous nous adressons aux municipalités, non pas à celle de Lyon, qui a toujours donné le bon exemple — et que nous leur disons : il y a une loi de 1902 sur la santé publique et elle n'est pas appliquée dans votre commune ; vous êtes une ville assez importante et vous n'avez pas le bureau d'hygiène prévu par cette loi, dont vous n'assurez pas le fonctionnement.

Et nous avons le droit de leur dire : en agissant auprès de vous, nous faisons notre strict devoir de bons citoyens ; nous faisons notre devoir social en nous efforçant de vous faire comprendre à vous, municipalités, votre devoir social.

Nous nous adressons ainsi à tous les pouvoirs publics. Et nous nous tournons, par exemple, vers les chefs de l'armée, et nous leur demandons, dans l'intérêt de la santé et de la force de la race, qui est l'intérêt primordial de la défense nationale, de donner tout leur concours pour l'application à la caserne, aux troupes, de toutes les règles de l'hygiène scientifique...

Et nous n'hésiterons pas à nous adresser enfin au législateur lui-même et nous lui demanderons de compléter son œuvre en faisant intervenir la puissance publique là où rien n'existe encore pour combattre les maux sociaux ; nous lui demanderons en somme de n'être pas seulement le législateur politique, mais, dans la plus juste et la plus sage acception du mot, le législateur social.

Messieurs, voilà, bien imparfaitement aperçues, l'étendue de notre tâche et les règles de notre action. Par cette méthode naturelle, scientifique, en dehors de toute

idée préconçue, de tout esprit de parti, qu'est-ce que
nous cherchons à faire? Nous cherchons à apprendre
aux individus aussi bien qu'à l'État à *vivre la vie sociale*,
à donner à tous l'horreur du mal social et la volonté de
le combattre, de le prévenir même, toutes les fois qu'il
est évitable ; nous cherchons à faire connaître à tous ces
joies profondes que donne à l'homme de bien la pensée
que, par une action continue, réfléchie, désintéressée, il
a évité une souffrance à quelqu'un de ses semblables. Par
cette horreur accrue du mal, par cette joie du bien
accompli, nous comptons bien déterminer un mouvement d'opinion chaque jour plus grand, et tel qu'il
deviendra bientôt irrésistible. Et nous arriverons un
jour prochain — nous l'espérons de toute notre âme — à
faire accepter joyeusement par tous les hommes le service obligatoire dans la grande bataille contre la maladie
et la mort.

IV

LA COORDINATION DES ŒUVRES [1]

Mesdames, Messieurs,

Mon devoir de Président est de clore les travaux du Congrès en remerciant bien cordialement ceux qui ont contribué au grand succès de nos réunions. Fuster, d'ailleurs, vous a dit les noms de nos orateurs et de nos rapporteurs, permettez-moi, le temps nous étant limité, de leur redire, à tous, d'un seul mot, toute notre reconnaissance.

L'Alliance d'hygiène sociale, c'est une œuvre nationale, et c'est pourquoi il était naturel de nous placer sous le patronage du Chef de la nation. C'est une œuvre nationale, Mabilleau vous l'a dit hier, et Fuster vous l'a montré tout à l'heure. Ils ont admirablement résumé à la fois notre but, nos moyens d'action, notre méthode.

Notre but, c'est la lutte contre tous les maux sociaux. Les maux sociaux sont, à nos yeux, ceux dont la cause n'est pas due seulement aux fautes personnelles de l'individu, mais à la faute ou à l'ignorance de tous. Les maux sociaux sont ceux dont les effets ne se produisent pas seulement sur l'individu, mais ont autour de lui une

[1] Discours prononcé à la séance de clôture du Congrès d'alliance d'Hygiène sociale, à Agen, le 27 juin 1909.

répercussion inévitable sur tous les autres membres de la société ; les maux sociaux sont ceux dont les causes et les effets sont plus hauts, plus larges, plus étendus que l'individu lui-même et où, par conséquent, la responsabilité de la nation entière est constamment engagée.

Contre ces maux, il faut le concours et la bonne volonté de tous, puisque tous sont en partie responsables de ces maux et puisque tous sont exposés à en souffrir à leur tour.

Pour arriver à les combattre, il est nécessaire de grouper tous les hommes, à quelque parti ou à quelque opinion qu'ils appartiennent. C'est bien là, le mot l'indique, le rôle de l'Alliance d'hygiène sociale.

J'ai dit à l'Alliance, il y a deux ans, comment je concevais son action. J'ai dit que l'Alliance devait être un laboratoire d'idées et un foyer de propagande, un instrument d'organisation — un laboratoire d'idées et un foyer de propagande, vous l'avez vu au cours de ces trois journées où toutes les idées qui intéressent la cause de l'Hygiène publique ont été librement échangées, examinées et discutées. Nous avons été instruits de ce qui a été fait dans certains départements, dans certaines villes ; des expériences qui ont réussi, des résultats acquis. Plus tard, nous irons sur un autre point de la France apprendre encore et susciter des bonnes volontés.

L'Alliance est un instrument d'organisation, car il est nécessaire que contre tous ces maux sociaux se dressent de toutes parts des associations d'hommes qui prennent les armes pour combattre contre les risques naturels, contre les risques économiques, contre tous les risques possibles. Il faut des œuvres différentes pour combattre contre les maux différents, mais il faut que ces œuvres soient coordonnées entre elles ; il faut une entente, une méthode communes si l'on ne veut pas que, sur certains points, il y ait plus d'efforts que ne nécessitent les maux, afin que, sur d'autres points, il n'y ait pas plus de maux que d'efforts.

C'est cette entente continue entre les œuvres qui combattent l'alcoolisme, la tuberculose et tous les maux sociaux que nous avons examinée. C'est cette entente entre toutes les œuvres, que nous cherchons à réaliser étroitement. Voilà notre but.

Quant à notre méthode, elle se résume en deux termes : nous croyons que, pour ces maux comme pour tous les autres, il s'agit de prévenir plutôt que d'essayer de guérir ; je n'ai pas besoin de revenir sur cette démonstration, qui a été faite cent fois.

Le second terme de notre méthode, dans cette organisation des œuvres de prévoyance, c'est d'établir scientifiquement ce que j'appellerai la topographie complète du champ de bataille : de dresser l'emplacement de chacune des troupes qui auront à combattre, d'établir une tactique, une stratégie à la fois commune à tout le pays et particulière à chaque région, car il s'agit de défendre la vie de tous les êtres de notre pays. Vous voyez donc combien il est nécessaire de se grouper ; il faut veiller, il faut être prêt.

Il faut qu'il y ait des œuvres vigilantes, car non seulement il faut suivre, dans son intérêt, l'être humain depuis le premier jour de sa vie jusqu'au dernier, mais il faut étudier les diverses phases qu'il traversera, afin de s'en instruire et de faire profiter tout le monde des leçons de cette expérience.

On s'adresse, la plupart du temps, aux pouvoirs publics, mais ils ne peuvent pas tout faire. Vous avez entendu tout à l'heure M. le Directeur de l'Hygiène publique. Je le remercie de nous avoir promis tous ses efforts et ceux du gouvernement pour la mise en pratique complète de la loi de 1902. J'ai été heureux de constater qu'il existe, entre l'Alliance d'Hygiène sociale et le Gouvernement, une entente parfaite et que nous avons ainsi devant nous l'Alliance nationale du gouvernement et des individus.

Toute cette œuvre, à laquelle ont contribué les fonctionnaires, inspecteurs d'hygiène, médecins et collaborateurs de tous ordres, cette œuvre n'est pas inutile. Mais elle pourrait être incomplètement utile si, à tout instant, les associations et les bonnes volontés ne venaient pas créer autour d'elle une atmosphère d'encouragement.

Les lois, je le disais hier, sont nécessaires, mais elles n'exercent véritablement leur plein effet que si elles ont été auparavant acceptées par le public et si les citoyens sont d'accord avec le législateur. Pour que la victoire soit complète, il faut qu'il y ait autour de la loi ce que j'ai appelé le consentement des bonnes volontés libres; c'est ce consentement que nous essayons, à toute heure de notre action, d'apporter au gouvernement de la République.

Nous le remercions de l'engagement qu'il a pris de nous aider de tout son pouvoir, comme vous pouvez être certain que nous vous aiderons de tout notre cœur.

Il faut que nous soyons tous unis pour la lutte contre les maux sociaux : le domaine est immense, et combien de parties de ce domaine n'ont pas encore été explorées! Il nous a surtout paru particulièrement nécessaire de porter notre effort sur l'hygiène des petites villes et des campagnes.

Vous avez vu, dans l'énumération qui vous a été faite, combien de sujets neufs ont été traités dans les travaux de notre Congrès, surtout en ce qui concerne l'hygiène rurale. Cette matière n'était pas, hier encore, absolument inconnue, mais il est utile de dire que nous étions en pleins tâtonnements. Désormais, de tous les points du territoire, nous voyons converger vers nous une action générale, une action nationale.

L'éducation du paysan français en matière d'hygiène est en train de se faire; ce qu'il faut surtout, c'est que le paysan comprenne que son véritable intérêt est de se *sauver lui-même*.

Il ne faut pas oublier non plus que l'éducation des ouvriers des villes est à peine commencée, qu'il faut amener les syndicats professionnels à considérer les questions d'hygiène sociale comme faisant partie des intérêts vitaux de leurs membres. Il faut que ces hommes sachent profiter, pour leur bien personnel et pour celui de tous, des armes que la République leur a fournies. Il faut que les municipalités s'en mêlent, il faut que, dans tout le pays, une immense levée de boucliers se dresse contre le mal, contre la mort.

Je terminerai par là.

Hier, l'état de ma santé ne m'ayant pas permis d'assister jusqu'à la fin à la séance, M. le préfet Grégoire m'a accompagné dans une courte promenade du côté du canal. Je regardais ces coteaux, je regardais cette admirable nature; j'ai joui profondément, passionnément, du bonheur qui se dégageait de la vie de toutes ces choses; je me suis dit qu'en vérité il était contradictoire, paradoxal, inexplicable, que, dans ce pays magnifique, la race semblât diminuer, alors que tout y est si merveilleusement disposé pour qu'elle s'y développe nombreuse et puissante.

Eh bien! laissez-moi vous le dire, j'exprime le souhait que vous formez tous, c'est que cet état de choses change.

Ce département est couvert d'un manteau verdoyant d'arbres aux fruits délicieux; il faut, qu'à cette parure de verdure, s'ajoute une parure nouvelle, la floraison de

la race humaine; il faut que ce soit, non pas seulement
les arbres de vos vergers et les épis de vos champs qui
se pressent sur ces terres fertiles; il faut que ce soit
aussi la plante humaine qui croisse et s'y multiplie avec
une égale fécondité. Votre terre est assez riche, quelque
nombreux que puissent être ses habitants, pour les
nourrir tous, pour leur donner à tous la joie.

V

LA STATISTIQUE ET L'HYGIÈNE SOCIALE [1]

Messieurs,

Le concours que vous voulez bien prêter à l'étude de questions qui me sont particulièrement chères, m'est très précieux : aussi, je vous remercie bien sincèrement d'avoir répondu à mon appel.

Parmi les problèmes qui m'ont toujours préoccupé, ceux qui se rattachent à l'hygiène sociale tiennent, vous le savez, l'une des premières places. Des maux de l'humanité, ne devons-nous pas combattre tout d'abord ceux qui menacent la vie, ceux que, trop souvent, nous aggravons nous-mêmes ?

Comme président de la Commission permanente de la tuberculose, j'ai pu me rendre compte que la virulence de cette maladie connue de tout temps, mais qui a lamentablement accru ses ravages au milieu du siècle dernier, est due en grande partie à l'agglomération, au resserrement de la population sur certains points qui deviennent des foyers de contagion.

Sans doute, d'autres causes interviennent-elles encore, mais nous pouvons nous attaquer tout de suite à la plus

---

(1) Discours prononcé à la première réunion de la Commission interministérielle de statistique sanitaire, le 15 juin 1912.

visible, améliorer les logements, assainir les milieux collectifs, et, en tout cas, surveiller attentivement la marche de la maladie, noter les faits, mesurer les risques, organiser l'observation méthodique pour faciliter la prophylaxie. Cette tâche n'est pas la moins utile : c'est celle qui nous appartient ici.

Quand la statistique sanitaire de l'armée a mis en évidence, dans le contingent militaire, la fréquence excessive de plusieurs maladies contagieuses, la morbidité de notre armée, supérieure, pour ces maladies, à celle des armées étrangères, j'ai pensé qu'il ne fallait pas tarder plus longtemps à comparer aussi la morbidité française et la morbidité étrangère dans les populations civiles.

Je sais que nous manquons d'informations sûres parce que les déclarations sont insuffisantes dans tous les pays,

Cependant, nous ne devons pas nous en tenir à un aveu d'impuissance. Nous pouvons d'abord examiner les statistiques dont nous disposons actuellement, tant en France qu'à l'étranger, de façon à noter leurs ressemblances et leurs lacunes. En général, les statistiques relatives à la mortalité par causes sont les seules qui nous renseignent, — dans une mesure insuffisante il est vrai, — sur la morbidité.

Mais, même sur ce terrain limité, le défaut de concordance des classifications, et les détails insuffisants de ces classifications, ne permettent pas toujours les rapprochements qui seraient utiles.

Quant aux statistiques directement relatives à la morbidité, celles qui ont été dressées à l'étranger se rapportent à des catégories restreintes : Vous voudrez sans doute coordonner et comparer ces statistiques, et essayer d'obtenir en France des résultats de même ordre.

N'est-il pas possible d'ailleurs de faire appel aux

administrations dont dépendent de nombreuses collectivités placées sous le contrôle de l'État : employés de
tous ordres, élèves des écoles, entreprises, institutions
et associations diverses, etc ? Dans ces milieux collectifs,
il existe aussi malheureusement des terrains favorables
à l'éclosion de certaines maladies.

Souvent, des médecins y sont d'ordinaire spécialement attachés et ils pourraient, sans enfreindre aucun
secret, remplir des bulletins anonymes dont le dépouillement aboutirait à des statistiques instructives. Celles-ci
serviraient à la fois l'intérêt général du pays et l'intérêt
particulier des collectivités qui les auraient fournies.

Vous examinerez, Messieurs, les moyens de réaliser
ces statistiques partielles et de contribuer pratiquement
à la détermination précise de la morbidité et des causes
de mort dans notre pays.

Cette détermination appellerait de nouveau l'attention
sur la nécessité d'appliquer avec fermeté la loi relative à
la protection de la santé publique qui, depuis dix ans,
n'a point été suffisamment obéie, malgré les bonnes
volontés. Peut-être y aurait-il lieu d'en préciser certaines
dispositions. Par exemple, mon administration est
fréquemment sollicitée de faire connaître aux municipalités « la mortalité moyenne de la France », en vue
de comparer cette moyenne à la mortalité locale. La
comparaison sommaire à laquelle on se livre dans ces
conditions est illusoire ; vous pourriez peut-être proposer des règles qui permettraient d'exactes comparai-
sons.

Enfin, j'appelle encore votre attention sur une question
qui intéresse d'une façon toute spéciale mon département : celle de la mortalité et de la morbidité dans les
industries et professions de tous genres.

L'estimation de la mortalité dans une industrie ou

dans une profession particulière résulte actuellement du rapprochement de deux documents : le bulletin de décès et le bulletin de recensement. Ce dernier comporte la désignation de l'industrie et de la profession avec toute la précision possible. Il n'en est pas de même du bulletin de décès, forcément sommaire dans les conditions où il est rempli.

Ne serait-il pas possible de réclamer, dans un grand nombre de cas, la collaboration du médecin chargé des constatations légales? Ces constatations sont négligées dans beaucoup d'endroits, faute de médecins d'état civil, mais, si l'intervention d'un médecin d'état civil se généralisait, les recherches que nous voulons stimuler n'en seraient-elles pas facilitées?

Messieurs, en vous exposant sommairement les idées qui m'ont inspiré lorsque, avec l'assentiment de mes collègues et en particulier de M. le ministre de l'Intérieur, de qui relève l'hygiène publique, j'ai constitué la Commission, en vous signalant des points où vos travaux contribueront à faire mieux connaître l'état de la mortalité et de la morbidité en France, je n'entends point limiter le cadre de ces travaux.

Sans doute, nous n'avons point ici à nous occuper des mesures administratives et de l'action sociale; nous sommes sur un terrain purement scientifique, nous cherchons à savoir.

Mais ce terrain est vaste, dans l'ordre d'idées où nous sommes placés. L'hygiène sociale doit viser non seulement la conservation de la vie présente, mais encore la vigueur des générations successives. Combattre les maladies qui dépriment la génération actuelle, et parfois font obstacle à la fécondité ou à une bonne descendance, c'est préparer pour demain une génération vigoureuse.

J'en suis convaincu, vous éprouvez comme moi les sentiments que fait naître l'affaiblissement constant de la fécondité des familles françaises. Travaillons au moins à faire comprendre l'utilité d'assainir le milieu, en mettant en pleine lumière les effets de la routine, du laisser aller, du manque de soin.

VI

L'ASSOCIATION DE LA SCIENCE
ET DU SENTIMENT DANS L'ŒUVRE SOCIALE [1]

Mesdames, Messieurs,

Je répondrai à votre sentiment unanime en exprimant à notre ami Fuster notre reconnaissance pour la conférence que vous venez d'applaudir. Il nous a donné une leçon de choses admirable, nous souhaitons que les enseignements en soient répandus, bien au delà de notre cercle trop restreint, dans le grand public, par les voies de la plus large publicité.

En réunissant des faits si nombreux, si précis, si exactement observés, en les exposant d'une façon si nette et si impartiale, il a constitué un dossier décisif pour la solution du problème qui nous inquiète et qui nous préoccupe tous. Et il nous a rendu un autre service, un service peut-être plus grand encore, en manifestant, comme il a fait avec tant de force à la fin de sa conférence, sa confiance, — et non pas une confiance purement et simplement oratoire, mais une confiance réfléchie, intime, puissamment motivée et profondément ressentie,

(1) Discours prononcé, le 19 décembre 1911, au Musée social, après une conférence de M. Fuster sur « les Résultats de l'Exposition internationale d'hygiène de Dresde ».

— dans le développement continu de notre grande cause, dans le triomphe des œuvres d'hygiène sociale si néces-saires à notre pays.

Messieurs, Fuster, en faisant devant vous le tableau de l'exposition de Dresde, s'est défendu d'instituer une com-paraison entre les résultats obtenus en fait d'hygiène sociale par l'Allemagne et par la France. Mais cette com-paraison qu'il n'a pas voulu établir résulte nécessairement des faits.

Et voici le spectacle qui nous est montré : d'un côté, par une puissante organisation d'ensemble, de très grands résultats déjà définitivement acquis, de l'autre, beaucoup moins de résultats, mais des initiatives admirables, malheureusement encore dispersées, néanmoins telles qu'elles doivent donner la plus grande confiance dans le rapide accroissement des œuvres créées : d'un côté un organisme formé de toutes pièces, où tout est ri-goureusement enchaîné, discipliné ; de l'autre côté une libre germination, qui est loin d'être universelle, mais qui déjà se répand sur bien des points du territoire. Celle-ci se développe avec une telle spontanéité, avec l'appui de tant de bonnes volontés et de braves cons-ciences, que l'on peut espérer que de ces deux modes d'organisation, celui qui est aujourd'hui le plus puissant et le plus vaste, mais qui a quelque chose d'un méca-nisme inflexible, ne dépassera pas dans un avenir pro-chain, en fécondité, celui qui semble être sorti de terre comme une végétation naturelle, et fait songer aux jeunes pousses vigoureuses d'où sortira la grande forêt.

Il y a là deux tempéraments très distincts, deux races, qui chacune, par les moyens qui lui sont propres, cherche à arriver au même but.

A l'heure présente, Messieurs, il faut bien cependant le reconnaître, l'avouer et le répéter sans relâche, malheureusement la France, au point de vue statistique, reste bien en retard; — nous nous désolons surtout de ces courbes de la mortalité par tuberculose dont vous avez parlé tout à l'heure, que nous ne voyons pas s'abaisser chez nous comme dans tant d'autres pays. Comment s'expliquer une telle inégalité?

Ce ne sont pas les forces morales — c'est une consolation de pouvoir nous le dire — qui ont manqué à notre pays. Pour tant de réformes, pour tant de progrès scientifiques et sociaux, l'idée première est si souvent née en nous, l'exemple a été donné par nous! La volonté du bien public a toujours été chez nous aussi grande et aussi certaine que partout ailleurs.

Ici, dans le domaine de l'hygiène sociale, ce sont les ressources matérielles qui nous ont manqué presque entièrement.

C'est le fait d'une très puissante organisation financière qui a permis à l'Allemagne d'obtenir les résultats que nous avons constatés. Fuster connaît mieux que personne, et je peux dire que c'est lui qui, le premier, nous les a fait connaître, ces puissantes caisses d'assurances obligatoires, assurances-maladies, assurances-accidents, assurances-invalidité, etc., qui ont été organisées en Allemagne depuis bientôt trente années. Ce sont elles, et elles seules, qui ont pu, en Allemagne, mettre des sommes énormes à la disposition de la prévoyance et de l'hygiène sociales.

Nous n'avons pu jusqu'à présent, en France, arriver à constituer ces ressources financières, mais nous sommes sur le point de les constituer. Vous avez bien voulu faire allusion, tout à l'heure, à la loi qui met au service des placements sociaux, les fonds de caisses de retraite, et au projet de loi qui, je l'espère, prochainement, admettra au même service les fonds libres des sociétés de secours

mutuels. Quand ces deux sortes de ressources seront à la
disposition des hommes de bonne volonté nous regagne-
rons vite le terrain perdu, et nous arriverons à réaliser à
notre tour, dans des conditions incomparables de puissance et de souplesse, la grande organisation de défense
sociale indispensable au salut de notre pays.

*
* *

Je remerciais, il y a quelques instants, M. Fuster de
son exposé, je dois le remercier surtout de l'admirable tâche qu'il a remplie là-bas. Il a été là, pendant
plusieurs mois, ce gardien de la flamme dont il a parlé ;
il portait en lui cette lumière française qui éclaire si
excellemment. Aussi, est-il arrivé à faire admirer nos
œuvres par ceux-là qui espéraient, au contraire, triompher dans la comparaison. Il a réussi à appeler à Dresde
un grand nombre d'entre nous, je n'ai pas pu malheureusement être de ceux-là, mais tous ceux que j'ai vus à
leur retour, ont rendu hommage à la manière dont notre
exposition avait été voulue, organisée, dirigée, à la
manière dont elle avait été ensuite montrée au monde,
expliquée au monde, enseignée au monde.

Vous nous avez montré ce qu'avait été cette exposition française, mais vous ne nous en avez pas seulement décrit l'organisation matérielle, vous ne nous avez
pas seulement fait visiter ses galeries, ses tableaux ar-
tistiques, ses salles de réunion dans lesquelles la grande
figure de Pasteur a été évoquée, vous nous avez appris
quelque chose de plus, vous nous avez montré quels
étaient les profonds enseignements, sociaux et politiques, qui s'étaient dégagés à vos yeux pendant cette
longue série de jours passés par vous à méditer sur le
problème qui vous préoccupait là-bas. Vous avez alors

— c'est là où je voudrais dire quelques mots à mon tour — appelé notre attention sur la triple révolution, révolution scientifique, révolution politique, et j'ajoute révolution morale, qui s'est produite non pas seulement dans notre pays, mais dans tous les pays du monde depuis que la doctrine pasteurienne a renouvelé la science.

Il est certain que si l'on a élevé à Dresde, et si on l'y conserve ce « Temple de l'homme », que vous avez décrit avec tant de précision et tant d'art, si l'on a voulu faire apparaître sous cette forme vivante et durable ce que doit être en santé, en vigueur, en beauté, l'homme de demain, au centre de ce « Temple de l'homme », il y aura une statue à élever, et cette statue est bien celle de Pasteur. C'est grâce à lui que la notion d'une humanité nouvelle a pu se révéler et a passé dans les esprits. C'est lui qui a fait concevoir plus exactement les rapports qui existent entre les hommes; c'est lui qui a prouvé d'une façon définitive l'interdépendance profonde qui existe entre tous les vivants, entre tous les êtres; c'est lui qui, en formulant d'une façon décisive la doctrine microbienne, a montré combien chacun d'entre nous dépend de l'intelligence et de la moralité de tous les autres. C'est lui qui nous a fait comprendre comment chacun de nos organismes individuels par l'innombrable armée des infiniments petits qu'il recèle monte, pour ainsi dire, à l'assaut de tous les organismes du monde, c'est lui qui, par suite, nous a appris notre devoir mutuel. Il nous a prouvé que chacun de nous pouvait être un foyer de mort pour les autres vivants, et qu'en conséquence c'était pour nous un devoir de détruire ces germes mortels et pour assurer notre vie propre et pour garantir la vie de tous les autres.

Eh bien, quand il a fait cette démonstration merveilleuse qui est, en somme, le mot suprême de son œuvre, il a fait non seulement une révolution scientifique, mais

une révolution morale. En effet, c'est une notion différente du droit et du devoir qui existe dorénavant dans
le monde ; le droit et le devoir, la liberté de l'individu et
le droit de l'État, toutes ces choses qu'on opposait les
unes aux autres dans une sorte de système étroit et sec,
se sont transformées. La notion du droit et du devoir de
chacun de nous ce n'est plus quelque chose de séparé et
de distinct, le droit et le devoir se pénètrent perpétuelle-
ment entre nous, il n'y a pas mon droit contre votre
droit, mon devoir contre votre devoir ; nous nous élevons
peu à peu vers un concept unique qui n'est, proprement,
ni celui du droit, ni celui du devoir, mais une notion
où ces deux choses se confondent dans un sentiment
unique et supérieur : *le sentiment social.*

Notre devoir et notre droit, ces deux sentiments sont
désormais mêlés et confondus en un seul. Puisqu'il nous
est impossible, à un moment quelconque, d'apercevoir
où s'arrête la dernière vibration de l'acte individuel que
chacun de nous accomplit, nous ne pouvons jamais
affirmer où s'arrêtera la dernière vibration de notre
devoir envers tous.

Ceci est précisément le secret de l'organisation de toute
l'hygiène sociale de demain. C'est cette transformation
de l'idée du devoir qui doit être maintenant à la base de
chacune de nos institutions politiques et sociales. C'est ce
qui fait que nous ne considérons plus l'individu comme
« charbonnier maître chez lui, dans sa maison », mais
bien comme un hôte qui doit laisser sa porte ouverte à
ceux du dehors et chez lesquels il pourra, en hôte également, pénétrer à son tour.

C'est cette même notion qui fait que notre législation
doit se transformer et se transforme tous les jours. Nous
n'avons plus le droit d'inscrire dans une législation financière l'impôt comme étant purement et simplement ce

qui est demandé au contribuable pour assurer le fonctionnement des services, mais comme une contribution qui devrait être librement consentie par chacun dans sa conscience pour la nécessité du bien commun.

Nous devons la lui demander cette contribution avec la pensée que, s'il est puissant et s'il est riche, il la doit d'autant plus qu'il a une part plus grande de responsabilité vis-à-vis des humbles; nous devons la lui demander, je le répète, non pas comme le résultat d'un calcul arithmétique qui se borne à dire « tu as tant et tu dois tant », mais comme le résultat d'un calcul où on lui montre qu'il doit d'autant plus qu'il a plus et qu'il n'acquittera jamais sa dette tant qu'il restera un privilégié.

Tout cela, qui est une transformation, une révolution, tout cela remonte à la doctrine pasteurienne et c'est pourquoi nous sommes heureux que cette maison de la rue Las-Cases soit en même temps la maison de la science et la maison sociale, la maison de la société de demain pour guider les savants, pour aider les pouvoirs publics, la nation tout entière et tous les hommes.

*
* *

Vous vous êtes demandé « comment obtiendrons-nous le consentement de chacun à l'application de toutes ces lois? » Je vais vous le dire. Il ne suffira pas de faire purement et simplement la démonstration scientifique des vérités de l'hygiène sociale. Il ne suffira pas non plus d'inscrire dans la loi, comme une prescription souveraine, l'obligation de s'acquitter de ses devoirs d'hygiène sociale. Il faudra trouver le moyen d'éveiller le sentiment populaire, il faudra trouver le moyen qui, seul en France, est efficace de passer à travers les esprits pour

pénétrer jusque dans les cœurs ; il faudra que cette élite
dont vous avez parlé consente à descendre de ses tours
d'ivoire ; il faudra que les savants sortis de leurs labora-
toires s'associent à des hommes de bien qui auront peut-
être une intelligence moins haute, mais qui seront ce
qu'on appelait au temps de l'Evangile, les gens de bonne
volonté ; il faudra qu'il se fasse incessamment, dans tous
les groupements comme celui-ci une association conti-
nuelle de la pensée scientifique et du sentiment populaire. Et ce sont les institutions comme les nôtres qui sont
les mieux placées pour opérer cette fusion et déterminer
cet accord.

* *
*

J'ai confiance. Je crois que le succès dans notre pays,
grâce à cet effort du sentiment populaire, est assuré
dans le sens où nous voulons qu'il le soit, c'est-à-dire
dans le sens de la défense de la vie et de la race. Nous
traversons une période difficile, nous subissons une sorte
de fléchissement, il est certain que l'arrêt de la natalité
française doit nous préoccuper au plus haut degré. Il y
a là des causes historiques que chacun de nous comprend
à merveille, car nous avons traversé des heures terribles.
Mais peu à peu les générations se succèdent ; en voici de
nouvelles qui n'ont pas connu la tristesse, qui viennent à
leur tour, apportant la confiance que la jeunesse apporte
toujours dans le monde, et ce sont celles-là qui, aux
heures les plus graves, aux heures inquiétantes, déterminent tout à coup dans ce pays une sorte de redresse-
ment de la volonté collective, qui fait que dans le monde
entier jamais la France n'a paru plus forte, plus grande
et plus résolue.

Eh bien, quand on aperçoit le sentiment populaire
capable, par cette seule germination dont je parlais, de

produire spontanément de si admirables et de si consolants résultats, on peut avoir confiance et se dire : Oui, nous saurons défendre la vie et la race; oui, puisque cette science de l'hygiène sociale est indispensable pour que la vie humaine se poursuive en santé et en beauté, nous saurons faire dans notre pays ce qu'il faut pour que cette science de la vie en beauté soit non pas seulement pensée par les savants mais voulue par le peuple.

Ce peuple de demain, je le vois, moi aussi, et je pense également au *Banquet* de Platon dont vous avez parlé, je pense aux beaux éphèbes qui se promenaient sur l'Agora, dans la splendeur de leur corps, et je dis : nous connaîtrons de nouveau ces temps, mais autrement que dans l'antiquité, car n'oublions pas ceci : ces merveilles obtenues, ne l'étaient que pour quelques-uns. Ce que nous voulons, c'est que ce soit pour tous que le rêve de l'avenir se réalise, et que ce soit véritablement une démocratie de gens bien portants, bien pensants et bien voulant qui sur le sol de France se dresse avec la confiance au cœur dans ses destinées immortelles.

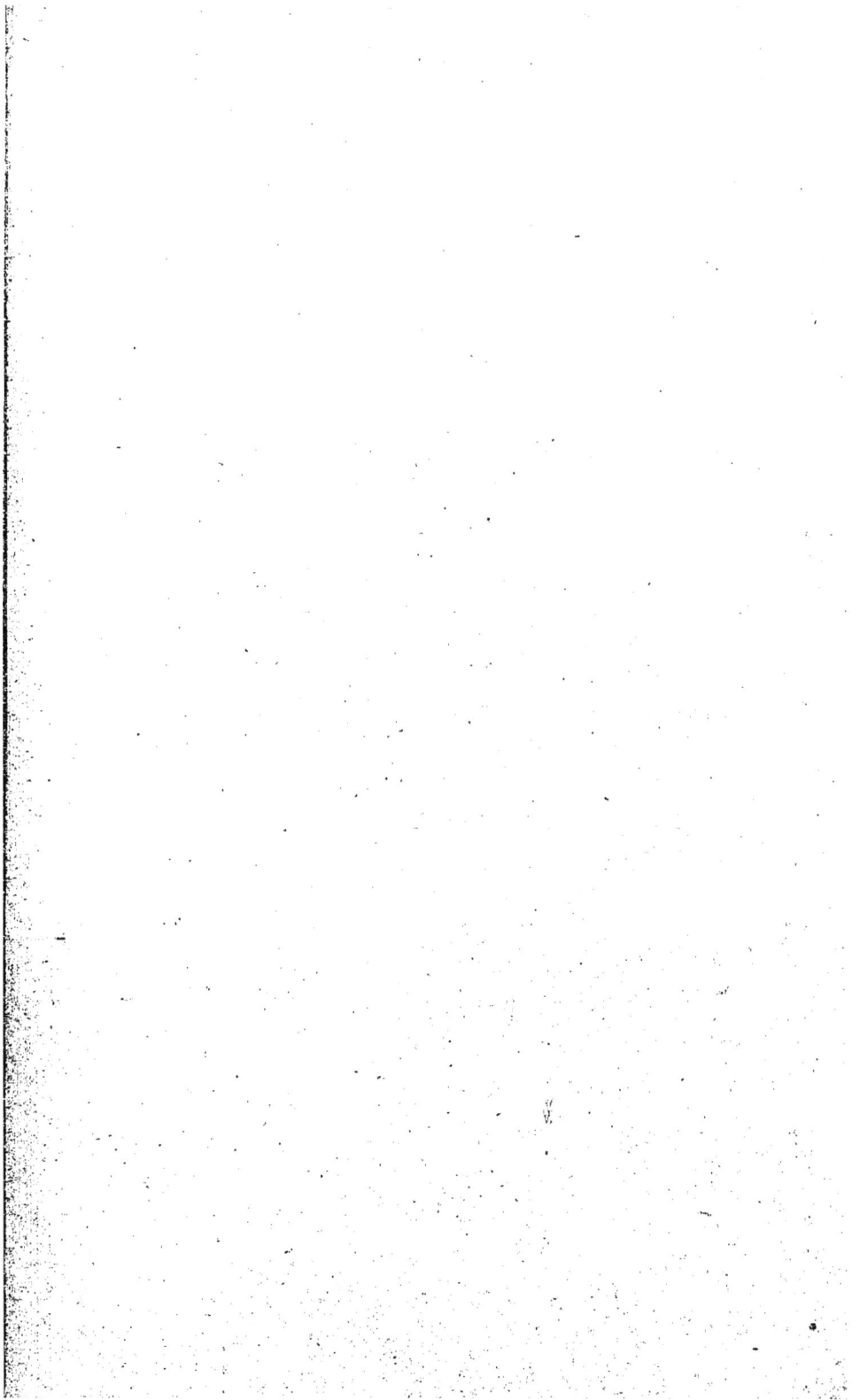

DEUXIÈME PARTIE

LES MOYENS DE LUTTE
CONTRE LES MAUX SOCIAUX

L'ÉDUCATION — LES INITIATIVES PRIVÉES
L'ACTION DE L'ÉTAT

L'ÉDUCATION

I

L'ÉDUCATION SOCIALE [1]

Mesdames, Messieurs,

Dans des réunions semblables à celle-ci, au cours des années précédentes, vous avez entendu et applaudi des discours brillants sur des sujets littéraires ou historiques. Je suis obligé de vous demander pour cette conférence une indulgence particulière. Le sujet que j'ai choisi peut paraître sévère et aride, c'est un problème grave et pressant que je vous demande d'examiner avec soin.

L'éducation sociale : tel est le sujet que j'ai proposé aux membres du Comité de la Jeunesse Républicaine. L'éducation sociale, c'est la préparation à la vie. Il n'existe pas de formule plus exacte et plus précise. Nous savons comment, par l'enseignement public, par la diffusion de l'instruction, l'État s'efforce de préparer les esprits à la connaissance des choses littéraires et scientifiques; nous savons également comment de nombreuses organisations publiques et privées s'efforcent de préparer à la vie professionnelle; enfin comment la famille et le monde enten-

[1] Conférence faite à l'Union de la Jeunesse républicaine, à la Sorbonne, le 16 mai 1897.

6.

dent préparer à la vie ; combien la famille, mieux que
tous les autres milieux, remplit cette mission, et combien
le monde remplit mal la sienne, comment il prépare à
ce qu'il y a de plus superficiel et de plus vain, et comment il oublie de préparer à ce qui est essentiel, à ce
qui est vraiment utile, vraiment nécessaire et vraiment
bon.

Mais y a-t-il dans tout cela une préparation à la véritable vie, à ce qu'après beaucoup d'autres, nous appelons
la *vie sociale*? Où donc et comment y sera-t-on préparé?
Comment arriverons-nous à prendre conscience du rôle
que chacun de nous doit jouer dans la société humaine, à
savoir sortir de nous-mêmes et mêler incessamment
notre esprit et notre conscience à l'esprit et à la conscience du monde qui nous entoure? Comment appren-
drons-nous tout cela et pourrons-nous l'enseigner aux
autres?

Oui, il y a une éducation sociale, une préparation à la
vie sociale. Quels en sont les principes? Quels sont les
moyens de la répandre dans ce pays? C'est un problème.
En est-il de plus important? Une société ne peut vivre
dans la paix et dans la sécurité, ne peut atteindre la
grandeur que si une doctrine commune de la vie, de son
but et de ses devoirs en anime tous les membres. Vivre
en société, c'est sacrifier chaque jour quelque chose de
son intérêt personnel. Il faut, pour déterminer chacun
de nous à faire ce sacrifice continu, il faut une force
intérieure, une force organique semblable à celle sans
laquelle il ne peut pas y avoir de corps vivant.

Quelle sera donc la doctrine commune qui inspirera
les membres de la société contemporaine? Quelle sera la
pensée commune qui, incessamment, agira sur leur
esprit? Quelle sera la force organique qui les poussera à
l'action-commune?

*
* *

Rechercherons-nous et trouverons-nous dans le passé cette force nécessaire à l'union?

Tout à l'heure, mon cher maître ('), vous rappeliez les faiblesses des conceptions passées, l'erreur et les souffrances qui en ont été le résultat. Certes, à l'époque théologique, il y a eu une force qui semblait unir tous les êtres vivants dans un même temps et dans un même lieu; il y avait, vous l'avez dit une foi, une loi, un roi.

Une foi? oui, là où la foi était commune, l'action était commune. Mais quelle était la base de cette foi commune? Quel était le mobile qui déterminait à tous les sacrifices, au sacrifice des biens, de la vie, aux actes d'héroïsme les plus beaux et les plus purs? C'était une croyance, et une croyance peut-elle s'imposer? Le jour où le doute viendrait à naître dans les esprits, le jour où la science, se répandant sur le monde et pénétrant peu à peu tous les problèmes, aurait semé ce doute dans un nombre considérable de consciences, comme la base deviendrait fragile! Et le jour où plusieurs fois différentes, plusieurs conceptions du monde se trouveraient en présence dans un même pays? Ah! vous savez bien ce qui se passait alors : c'était la lutte et non plus l'unité, et c'était la pire des luttes, la plus terrible et la plus inclémente, celle qui ne pardonne pas à l'ennemi même à l'heure de sa mort, celle qui le maudit dans l'avenir de sa famille, de sa race, celle au milieu de laquelle tous les sentiments de pitié semblent, par instants, chassés de l'âme humaine.

Ces luttes, nous ne voulons plus les connaître. Respectueux de toutes les croyances, nous pensons avec le monde moderne que la foi est affaire individuelle, et que,

(1) Berthelot.

pour qu'elle reste respectable et respectée, il importe qu'elle ne se mêle en rien au mouvement des affaires publiques et que la séparation de la conscience et de l'Etat soit irrévocablement réalisée.

D'autres époques nous ont fait connaître d'autres sentiments par lesquels, à un moment donné, une nation tout entière semblait animée de la même volonté et poussée aux mêmes actions : tels ont été le sentiment de l'honneur et celui de la fidélité monarchique, ou dévouement au souverain. Mais il faut épurer ces sentiments eux-mêmes de ce qu'ils contiennent encore d'imparfait. Qui ne voit que dans un sentiment, qui lie l'homme à l'homme, le lien ne vaut que ce que vaut le chef! Il faut que ce ne soit jamais à un homme qu'un homme songe à sacrifier quelque chose de la liberté de son esprit ou de l'activité de sa vie. On peut, on doit appartenir à une idée, jamais à un homme.

*
* *

Quelle est donc l'idée à laquelle il importe de nous discipliner volontairement?

Elle est née de l'union de la méthode scientifique et du sentiment moral. Elle répond à cette préoccupation de chacun de nous : vous cherchez les devoirs de tous, vous voulez les définir et, les connaissant, vous voulez les accomplir.

L'homme seul n'existe pas; l'homme est dans la nature un associé; il est le dépositaire d'un héritage dont il doit incessamment compte à la société tout entière; il commet une faillite, un vol, s'il garde pour lui ce qu'il n'a pu acquérir que par le travail et l'effort des générations antérieures.

Le devoir de chacun envers tous, où est-il? C'est la

méthode scientifique seule qui peut nous permettre de le déter...iner. Il prend naissance dans la vie de famille, c'est le lien de solidarité le plus particulier, le plus prochain, le plus étroit. Il se développe et, soyons-en reconnaissants envers la Grèce antique qui l'a élargi et formulé, dans la notion de la cité. Enfin, dans les temps modernes il devient l'idée de la patrie, noble, pure, désintéressée.

Cette idée repose sur un lien moral entre nous et le passé, souvenirs communs des développements successifs de notre France, avec toute son histoire glorieuse, avec tout son cortège de triomphes et de douleurs, de sacrifices illustres et de sacrifices obscurs.

Et cette idée de patrie elle-même il faut la bien comprendre et la concevoir tout entière; elle ne doit pas consister seulement dans la résolution de défendre la Patrie contre les dangers du dehors; il y a vis-à-vis de celle-ci un devoir plus complet à remplir, un devoir au dedans comme au dehors, un devoir de justice, de paix, de fraternité, parce qu'au dedans la paix et la fraternité sont toujours en danger.

Pour communiquer cette doctrine, pour qu'elle soit la maîtresse des esprits, des consciences et de l'action, il ne suffit pas de l'enseigner, il faut la pratiquer par l'exemple et par l'action personnelle. Mais il est nécessaire d'abord de prendre conscience de la méthode : la seule qui soit efficace, en cette matière comme en tous les domaines, c'est la méthode scientifique, et je ne m'arrêterai pas à démontrer que la science n'a pas fait faillite. L'histoire du progrès n'est-elle pas celle des révolutions de l'esprit, l'histoire des victoires successives de la science, c'est-à-dire des transformations successives du monde par la réaction de la raison humaine contre la fatalité des choses?

La science est aussi le seul chemin de la tolérance, elle nous offre le seul terrain où tous les sentiments puissent se rencontrer avec un respect mutuel. Elle ne demande qu'à ouvrir les yeux et à constater la vérité. L'esprit laïque est le seul qui permette d'ouvrir une même maison, cette école républicaine, où les fils des religions, des opinions, des fois les plus différentes peuvent se rencontrer sans que jamais devant eux un mot soit prononcé, un acte soit fait qui puisse alarmer cette conscience individuelle que l'Etat doit respecter comme sacrée.

La méthode scientifique est aussi seule capable de faire l'unité morale. Je me contenterai ici de renvoyer au bon livre de Berthelot : *Science et morale*, où il a si admirablement exprimé les lois de la nature, les lois de la conscience et les sentiments sur lesquels repose la morale telle que la comprennent les esprits modernes.

« Les lois morales, a dit Fouillée, ne sont autre chose que les conditions de la Société. » Il me semble qu'il n'est pas très difficile de réduire, en quelques propositions simples et claires, les prescriptions de cette morale basée sur l'observation scientifique et sur le développement harmonique de l'idée du devoir.

* *

Un savant a dit : le mal, c'est la douleur d'autrui. J'ai presque envie de m'en tenir là. Avoir presque constamment présente à l'esprit la douleur d'autrui, songer qu'à l'heure où l'on est heureux, d'autres ne le sont pas, et se proposer cette tâche de prendre quelque chose sur son bonheur personnel pour diminuer la douleur et le malheur des autres, je réduirais bien volontiers toute la morale à cela. Mais pour cela il faut être soi-même en pleine possession de ses forces, de son intelligence, de sa dignité, il faut avoir fait effort, avoir travaillé, il faut encore et sans cesse faire effort et travailler. C'est la loi du travail, loi éternelle, loi de tous les êtres sans laquelle nul ne peut se développer, c'est la loi du travail qui vient compléter la loi de l'amour : loi du travail et loi de l'amour, voilà toute la morale.

Il ne suffit pas d'enseigner ces principes avec méthode; il faut encore votre exemple et votre action. Ne comptez pas sur l'Etat. Il lui appartient sans doute de faire pénétrer ces idées et ces principes dans son enseignement public et dans ses lois. Mais il faut d'abord que l'opinion publique, qui impose toujours sa volonté au législateur, soit elle-même pénétrée de la nécessité de ces lois. Pour cela, aidez, soutenez, développez toutes ces œuvres de prévoyance, d'assurances, de mutualité, toutes ces associations où vous trouverez exprimée, réalisée l'idée sociale : toutes celles qui veulent réunir et non pas diviser les hommes.

Favorisez-les, unissez-vous en elles, faites-en votre chose, créez-en de nouvelles; usez de cette supériorité que vous donnent votre activité, votre talent, votre fortune pour persuader aux autres que tout citoyen devrait être engagé dans une de ces œuvres. Il y a une vertu intérieure si forte et si féconde dans l'Association qu'il suffit d'entrer dans l'une de ces œuvres pour être persuadé de leur utilité, de la nécessité de la solidarité sociale.

Mais il ne suffit pas encore de s'associer à des œuvres, ni même d'en créer, il faut aussi que chacun pense et vive socialement.

Détruisez en vous et chez les autres les préjugés qui divisent, les préjugés de classe, de parti, d'intolérance, de race, car au fond de tous ces préjugés il y a de la haine. Ne vous laissez pas entraîner aux polémiques injurieuses, ne soupçonnez pas toujours celui qui n'est pas de votre sentiment; faites aux autres le crédit que vous voulez que l'on vous fasse à vous-même; et, en supposant chez autrui le sentiment de la solidarité sociale, il y aura souvent chance pour vous de le lui inspirer s'il ne l'avait pas encore.

Je suis humain, voilà ce qu'il faut dire; et à chacun des actes où vous reconnaîtrez cette marque d'humanité, donnez le respect et donnez l'adhésion; et à tous les actes où vous reconnaîtrez les signes de la haine entre les hommes, opposez-vous au contraire, de toute votre énergie.

Ainsi l'éducation sociale a pour but de créer une doctrine commune entre les esprits, un lien social entre les volontés et les actes des membres de l'État. Il faut que chacun des hommes devienne un *être social*. C'est toute une révolution morale. Et elle est bien loin d'être accomplie. Mais c'est déjà quelque chose d'avoir marqué nettement le chemin par lequel elle peut s'accomplir.

Quand cette révolution sera faite dans les esprits, dans les consciences, dans la vie de chacun de nous, les autres révolutions ne seront plus à craindre, car les actes les auront devancées. L'idéal social des hommes ne sera-t-il pas réalisé dans une société formée d'hommes vivant pour la société elle-même?

*
* *

Je conclus. On a dit, et c'était une parole bien inquiétante, que, grâce à la divergence des opinions politiques et religieuses, on pouvait craindre le moment où il y aurait dans la France contemporaine comme deux Frances. Il ne faut pas qu'il y ait deux Frances; il n'y a pas, il n'y aura jamais deux Frances.

A une heure récente (¹), vous le savez, dans une terrible catastrophe, ce qu'il y a en chacun de nous de bon, de généreux s'est manifesté spontanément. Dans la catastrophe des grands, le sentiment de solidarité des petits a éclaté immédiatement.

Il faut de même que le sentiment de solidarité de ceux qui sont les favorisés du sort et de la fortune éclate également, non pas à certains jours ou à certaines heures, mais à tous les jours et à toutes les heures de la vie.

J'ose à peine toucher ce point puisque dans ce deuil terrible un autre deuil a paru un instant devoir s'ajouter au deuil de la mort, puisque des paroles ont été prononcées qui, au deuil de la mort, ont semblé ajouter le deuil de la pitié foulée aux pieds, puisque je ne sais quelle évocation du passé a fait — c'est le mot qu'a prononcé tout à l'heure M. Berthelot — apparaître devant nos yeux, comme la figure de l'antique divinité, terrible, violente, de la divinité de haine, ce Moloch aux sacrifices humains, puisque de ces derniers tisons d'un incendie il a semblé un instant qu'allait naître comme la flamme renouvelée du bûcher de Jeanne d'Arc et d'Étienne Dolet, puisque cette pensée est venue à quelques-uns qu'il y avait autre chose que des paroles de pitié, de fraternité et d'amour à pousser dans ce deuil de tous. Ah! prononçons bien haut, nous, les paroles de fraternité et d'amour, faisons-les entendre à ceux-là mêmes qui ne les ont pas prononcées et disons que nous, non seulement nous ne prêtons pas à quelque puissance supérieure une idée de vengeance ou de haine, mais que nous ne connaissons pas cette idée mauvaise, et que, pour nous, dans la lutte éternelle de l'esprit et de la matière, c'est la matière qui est la haine et c'est l'esprit qui est l'amour.

(1) L'incendie du Bazar de la Charité.

7

L'ÉDUCATION SOCIALE ET L'ÉCOLE PRIMAIRE [1]

Mesdames, Messieurs,

Il y a deux ans, à peu près, le Comité d'organisation du Congrès pour l'Éducation sociale avait demandé à M. le Directeur de l'Enseignement de vouloir bien user de son influence auprès des inspecteurs, directeurs et directrices d'écoles, instituteurs et institutrices de Paris et de la Seine, pour leur demander de s'associer à la vaste enquête que nous avons à faire et dont nous parlerons tout à l'heure. Notre ami M. Bédorez, que je suis heureux de voir ici, à côté de moi, répondit avec empressement à notre appel.

Une première réunion a eu lieu; un questionnaire a été envoyé et un grand nombre d'entre vous ont pu en prendre connaissance. De plus, nous avons eu avec quelques inspecteurs et directeurs ou directrices d'école une première conversation sur ce sujet. Nous avons indiqué dans cette dernière réunion quelle était, à notre sens, la signification du Congrès qui va s'ouvrir prochainement et quelle part pouvait y prendre l'enseignement primaire de Paris. Les instituteurs et les institutrices ont

[1] Conférence aux instituteurs et institutrices de la Seine faite au Musée social, le 5 mai 1900.

paru s'intéresser à notre œuvre, et ont exprimé le désir qu'une nouvelle réunion eût lieu et qu'un plus grand nombre de vos collègues fussent présents. C'est pourquoi une seconde convocation a été envoyée ; je vous suis extrêmement reconnaissant d'avoir répondu en aussi grand nombre à notre appel.

Nous nous proposons cet objet : l'éducation sociale. L'éducation sociale c'est quelque chose de différent de ce qu'on appelle l'éducation civique ou l'éducation morale, et cependant ces éducations ont des points communs. Je ne prétends nullement diminuer l'importance de l'éducation morale et civique, mais, je le répète, l'éducation sociale est quelque chose d'autre et peut-être quelque chose de plus. C'est, tout au moins, le même objet examiné d'un point de vue différent, avec une méthode différente.

L'éducation civique se propose de former le citoyen d'une société déterminée : en France, le citoyen de la République. Son objet est de former un citoyen républicain, c'est-à-dire de faire connaître à l'enfant l'organisation de la société politique dans laquelle il vit et de le préparer à servir et à défendre les lois que s'est données la nation.

L'éducation morale a un objet plus large. Elle ne vise pas simplement les enfants de la République française, en 1900 par exemple, elle est, de sa nature, universelle, éternelle ; c'est l'éducation qui s'applique aussi bien à des enfants d'une autre race, d'un autre pays, d'un autre temps ; elle considère l'homme en soi, comme disent les philosophes ; elle est fondée sur l'analyse des facultés, des sentiments, des droits et des devoirs de l'homme ; elle se propose de faire connaître à l'individu les devoirs qu'il a vis-à-vis de lui-même, comme vis-à-vis des autres hommes.

L'éducation sociale considère aussi l'ensemble des droits et des devoirs des hommes, mais elle n'étudie plus l'homme comme un « individu », c'est-à-dire comme un être isolé, ayant en lui sa propre fin et pouvant vivre pour cette seule fin. « Sa fin », comme disent les philosophes, n'est pas en tout cas son propre bien ; il est en fait et en droit *membre d'une société* où les responsabilités sont mutuelles. Il est l'associé d'autres associés, et c'est en cette qualité nouvelle qu'il faut l'étudier, ce sont les droits et les devoirs qui découlent pour lui de cette situation qu'il s'agit de définir et d'enseigner.

Dans la circulaire du Comité d'organisation de notre prochain congrès d'éducation sociale, nous avons dit — et je vous demande la permission de remettre ces lignes sous vos yeux : « L'idée d'un lien social existant naturellement entre les hommes et de leur responsabilité mutuelle dans les faits sociaux s'est dégagée peu à peu des discussions qui agitent les esprits depuis le milieu du xixe siècle. De là vient la nécessité de déterminer à la fois suivant les données de la science expérimentale, et en vue de satisfaire l'idée de justice, les *conditions de l'association* à établir volontairement entre les hommes... Faire pénétrer cette notion nouvelle dans les esprits, faire en un mot l'*éducation du sens social* dans l'humanité est la tâche qui s'impose désormais à ceux qui poursuivent pacifiquement les solutions du problème social. »

⁎
⁎ ⁎

Quel est donc le rôle de l'école qui veut être véritablement l'école de tous ? Sans doute, il faut qu'elle prépare à la France des citoyens républicains, mais elle doit aussi préparer l'enfant à la vie complète. À toute heure, à toute minute, dans l'enseignement et dans les œuvres, l'instituteur et l'institutrice doivent faire naître dans l'esprit de chacun de leurs enfants ce sentiment que la société à laquelle ils appartiennent leur donne beaucoup, qu'ils ont des devoirs à remplir envers elle et une dette à payer. L'école de tous a pour objet suprême de créer en chacun des hommes de demain « l'être social ».

Et, direz-vous, tout cela est entendu. Après tout, c'est bien de cela que nous parlons aux enfants dans nos leçons, c'est bien à cela que nous les préparons! Je ne suis pas sûr qu'on les y prépare suffisamment; et c'est pour étudier si l'on ne pourrait pas les initier mieux à cette notion particulière de l'association humaine, que notre prochain congrès doit se réunir.

On a rappelé tout à l'heure une application de ces principes que j'ai eu l'occasion de faire personnellement, je demande la permission de revenir sur cet exemple très caractéristique. C'est grâce à cette expérience personnelle que j'ai compris comment l'éducation morale et civique, conçue à la manière habituelle, laisse sans solution un grand nombre de problèmes qui s'imposent à la conscience humaine.

J'étais alors préfet d'un département du Midi. Une grève éclata dans une ville, dont le nom est mêlé au souvenir de nombreuses luttes sociales et politiques. Un différend s'était élevé entre patrons et ouvriers. En ma qualité de préfet, je me trouvai leur arbitre, mais j'étais un arbitre qui ne devait pas, comme un juge, prononcer une condamnation et décider du droit : je devais être un arbitre conciliateur. Je m'efforçais donc de rapprocher les deux parties. Pour y parvenir, je ne vis qu'un moyen : essayer de faire naître entre elles une *conscience commune*, et je vous demande de réfléchir sur ce mot : une conscience commune. Patrons et ouvriers se trouvaient face à face, les uns et les autres en braves gens;

7.

mais, des deux côtés, on se souciait purement et simplement de défendre ce que l'on considérait comme son
droit. Des deux côtés, on était bien décidé à ne rien céder
à l'autre partie.

Les patrons me disaient : nous nous trouvons en présence d'une situation économique telle que, si nous élevons les salaires, nous n'allons plus avoir de bénéfices
suffisants et, par conséquent, nous nous trouverons dans
une posture désastreuse vis-à-vis de nos actionnaires ;
et nous n'avons pas le droit de trahir leurs intérêts !

Les ouvriers me disaient à leur tour : de quoi vous
mêlez-vous? Nous défendons notre vie ; le relèvement de
notre salaire est nécessaire à notre famille, à nos enfants,
à notre existence. Peu nous importe à nous que sombre
la société financière, pourvu que nos familles vivent !

Messieurs, j'exagère à dessein la thèse des deux con-
tradicteurs. Sans doute n'exprimaient-ils pas aussi
complètement et aussi durement leur pensée, mais au
fond ils se considéraient comme ayant agi selon leur
conscience, comme n'outrepassant pas ce qu'elle leur
permettait, et ils persistaient dans ce qu'ils considéraient
comme leur droit; mais il n'y avait pas entre eux de
conscience commune qui leur permît de distinguer
chacun les limites de son droit et le bien-fondé du droit
de l'autre.

C'est cette conscience qu'il s'agissait d'éveiller entre
eux. Il fallait tâcher de les élever les uns et les autres
jusqu'à ce point de vue supérieur, d'où ils apercevraient
que les intérêts de chacun des deux groupes étaient
solidaires. Non seulement il fallait les amener à reconnaître que toute atteinte portée aux conditions d'existence et de propriété, d'une part de l'industrie, d'autre
part des travailleurs, était un dommage commun qui
retomberait en somme sur tous. Mais il fallait encore leur

faire comprendre qu'ils étaient les coopérateurs d'une même œuvre, devant se traiter réciproquement non en ennemis, mais en associés, et que la solution véritable de la crise n'était possible que si chacun acceptait le point de vue auquel ils se placeraient eux-mêmes, s'ils étaient des arbitres impartiaux, c'est-à-dire le point de vue de l'échange équitable des services et de la mutuelle justice.

Pour être juge des actions d'autrui il faut considérer ses actions comme si on devait en tirer une loi universelle. C'est Kant qui l'a dit : Agissez toujours de manière que la maxime de votre action puisse être érigée en loi commune.

S'élever à ce point où la règle de sa conduite pourrait être invoquée ensuite pour être imposée à tous les hommes, c'est la conscience commune.

Tout le monde est d'accord pour penser que c'est là le point de vue de la vérité, celui dont peut seule découler la justice. Il faut arriver à s'y placer dans la pratique et il faut que chacun s'y efforce de toute sa pensée et de tout son cœur.

Dans le cas dont je viens de vous parler, j'ai eu le bonheur d'y parvenir, et j'ai considéré comme une grande joie et un grand honneur d'avoir vu la paix se rétablir pour plus de dix années, dans un milieu profondément divisé. On y parviendra encore, et toutes les fois que, dans les conflits d'intérêt public ou privé, on pourra arracher l'individu au point de vue particulier où il se place naturellement, et où on obtiendra de lui qu'il se substitue pour un moment à son contradicteur; que pour un instant il change mutuellement de situation avec lui, cela suffira.

Toutes les fois que, dans les conflits d'intérêt public, nous sentons des doutes de conscience, faisons cette

petite opération mentale. Supposons-nous à la place de
l'autre, et examinons en toute sincérité si nous consen-
tirions à la transaction que nous proposons nous-même,
et, lorsque nous aurons acquis la certitude que nous
pouvons en effet changer de rôle, et d'acheteur devenir
vendeur, sans cesser de consentir au contrat, nous
aurons fait acte de conscience commune, nous aurons
fait œuvre sociale.

*
* *

Ces exemples familiers auront suffi, je pense, à vous
montrer qu'il est nécessaire, pour comprendre la diffé-
rence de l'éducation sociale et de l'éducation civique ou
morale, de faire une analyse plus particulière de la
situation de chaque individu dans la société. C'est ainsi
qu'on arrive à définir plus complètement, plus largement,
plus absolument qu'on ne l'a fait jusqu'ici, les devoirs
d'un homme envers soi et envers ses semblables. Cette
analyse nous montrerait l'individu enserré dans les liens
de la solidarité sociale dont je n'ai pas besoin de vous
refaire ici la théorie. Il m'aura suffi de vous montrer
pourquoi nous vous demandons de faire pénétrer dans
l'esprit de l'enfant, dans son sentiment, et plus tard aussi
dans sa volonté, ce que nous appelons le sens social.

Il faut, je le répète, qu'il prenne l'habitude de considérer les autres hommes comme ses associés et non
pas comme ses adversaires, ni comme des indifférents.
Et c'est bien toute une éducation à faire, que d'amener
les enfants, qui tout naturellement ne pensent qu'à leur
petit être et tâchent de se développer dans le milieu,
c'est-à-dire aux dépens du milieu, comme disent les
physiologistes, que d'arriver à leur faire comprendre
qu'ils se doivent aussi à ce milieu. C'est surtout une

éducation difficile que de leur donner, non seulement l'intelligence, mais le sentiment de ce devoir.

Vous entendez ce que je veux dire par sentiment. Vous connaissez des personnes qui ont l'intelligence du bien et du mal, qui en raisonnent fort bien, mais qui n'en ont pas le sentiment. Lorsqu'un des problèmes qu'elles discutent si nettement dans la théorie se pose, non plus dans la discussion ou dans les livres mais dans la vie, dans l'action, elles continuent bien à raisonner comme auparavant, mais elles oublient d'agir conformément à leur propre théorie.

Le sentiment, c'est l'émotion intérieure que l'idée de bien et de mal fait naître en nous quand elle est assez profonde pour ne pas animer seulement les cellules de notre cerveau, mais pour faire passer dans l'être tout entier ce frémissement qui est le commencement de l'action. Il faut que ce sentiment se répète, se multiplie chez l'enfant afin qu'au moment voulu la poussée de l'habitude soit si forte, la tendance vers le bien soit si puissante qu'elle supprime tout effort et que le sacrifice, l'abnégation paraissent une joie.

Pour bien faire comprendre tout cela aux enfants et pour leur donner cette habitude, il y a les procédés pratiques et les procédés théoriques, les exemples, les œuvres elles-mêmes auxquelles on peut mêler les enfants, auxquelles on peut les intéresser. Ce sont ces moyens-là que nous recherchons et que nous vous demandons de vouloir bien chercher avec nous de façon à en bien connaître les résultats et à en généraliser l'emploi.

N'oubliez pas que vous êtes instituteurs et institutrices de la Ville de Paris. Dans la solution de ce grand problème, qui n'est pas seulement un problème politique, vous le sentez bien, vous avez un exemple à donner à

tous les autres, parce que vous êtes les instituteurs de
Paris, de la ville la plus grande de France, non seulement par sa population mais par son élévation intellectuelle et morale. Et puis, vous êtes mieux outillés, mieux
armés, mieux préparés que les autres : un grand mouvement d'opinion vous soutient sans cesse, tandis que
dans le fond du pays, dans les hameaux et les villages,
vos collègues, isolés et par là même incertains, hésitent
devant les problèmes difficiles. Et, puisque j'ai parlé de
solidarité, je dirai que vous êtes les intimes associés de
ces lointains collègues de province. Vous devez mettre
à profit votre situation privilégiée pour leur donner
l'exemple de l'enseignement nécessaire et leur montrer
la route à suivre.

*
* *

Nous ne possédons pas encore les résultats complets de
l'enquête que nous avons entreprise. Toutes les réponses
ne nous sont pas encore parvenues. Dans quelque temps,
le dépouillement complet en sera fait; et, si vous voulez
bien suivre avec nous tous les résultats de cette enquête,
nous en pourrons tirer ensemble les conclusions générales.

Pour le moment, je ne prendrai que quelques exemples
au hasard, et il y en a beaucoup d'intéressants.

Les uns nous ont dit : Nous faisons des leçons sur la
solidarité; par des lectures tirées d'écrivains bien choisis,
nous tâchons d'expliquer aux enfants le point de vue
social, et nous nous apercevons que, même dans l'esprit
des enfants des campagnes, les moins préparés, la
lumière se fait facilement, très vite, beaucoup plus vite
qu'on ne le pourrait croire. Ils s'accoutument à considérer leurs semblables dans un sentiment tout nouveau.

Nous en avons la preuve dans de petits devoirs fort

bien faits, de petits récits demandés aux élèves et qu'ils ont traités d'une façon fort intelligente et fort heureuse. J'en note quelques-uns.

Pour déterminer quel est le point de départ de la solidarité, des maîtres se sont efforcés de faire comprendre aux enfants comment, avant que l'association s'étende à tous, elle commence à se former entre deux enfants ou entre deux hommes. Certains ont donné ainsi à développer de petits récits pittoresques comme celui-ci : « Quels sont les services mutuels que se rendent le cordonnier et le facteur ? », et dont nous apercevons tout de suite la signification.

On peut donc trouver des exemples simples et frappants qui ne manqueront pas d'éveiller chez l'enfant le sentiment de la solidarité et peut-être d'en provoquer les premiers actes.

Dans d'autres départements, on a su tirer des leçons de faits auxquels les enfants étaient mêlés. Dans le département de la Creuse, par exemple, d'une souscription d'enfants pour assurer le service antidiphtérique de l'Institut Pasteur, et qui a produit 62.000 francs. Et cette souscription a servi à l'éducation des parents autant qu'à celle des enfants, parce que les enfants n'ont pu arriver à amasser une telle somme sans recourir à leurs parents.

Le service antidiphtérique a, du reste, été organisé et les parents ont assuré complètement aux enfants du département le service du sérum qui, sans doute, aura sauvé plus d'un d'entre eux.

Je ne puis dépouiller tout le dossier. Nous avons reçu des rédactions nombreuses d'enfants très jeunes et qui, avec leur naïveté, attestent que le sujet proposé a été bien compris. Voici un devoir sur la fourmi et sur l'éveil de la solidarité dans une fourmilière. Eh bien, on y aperçoit tout de suite que l'enfant a parfaitement compris la matière du devoir et que son sentiment s'est éveillé.

Un autre devoir m'a beaucoup frappé. Le sujet proposé était l'application à la commune même de l'idée de solidarité. C'est si mal orthographié que je ne peux lire que difficilement.

Sujet : Les associations, leurs bienfaits pour les cultivateurs, les associations existant à M... et celles qu'on pourrait créer.

Et le sujet est développé sous forme d'un petit récit : on s'associe pour aller plus vite, pour ne point perdre de temps, dépenser moins d'argent, etc.

Le temps me manque pour d'autres citations, celles-ci suffisent à montrer qu'un mouvement intéressant se développe dans nos milieux scolaires et qu'on en peut bien augurer pour l'avenir de l'éducation nouvelle.

* *

Dans le résumé de mon précédent exposé (qu'on vous a lu tout à l'heure), je parlais du catéchisme et de l'examen de conscience. J'en parlais pour rappeler que, dans l'enseignement qui n'est pas l'enseignement laïque, on met à profit une expérience séculaire dont la méthode et les procédés sont loin d'être négligeables.

Ce n'est pas seulement par son habileté et par sa force qu'une grande association religieuse comme l'Église catholique a pu maintenir son autorité morale pendant tant de siècles, sur tant de générations.

Il a bien fallu que des procédés pédagogiques puissants soient mis en œuvre pour arriver à un tel résultat. Et si l'on recherche quels ont été les plus importants de ces procédés pédagogiques, on en trouve deux : le catéchisme et l'examen de conscience.

Le catéchisme, c'est-à-dire un petit manuel très clair
où les questions sont posées aussi simplement que possible et où les réponses sont aussi brèves que possible
afin qu'elles puissent se loger dans le cerveau de l'enfant
et demeurer dans la mémoire de l'homme fait. Ces
formules sont pareilles au refrain musical qui nous
revient toujours, malgré nous, parce que cette brève et
nette phrase musicale s'est gravée en nous, s'est pour
ainsi dire incorporée à la substance de notre cerveau.

Ce procédé-là, il faut l'employer dans notre école. Il
faut que le maître se donne la peine de rédiger des ques-
tionnaires très courts, sur les sujets qui nous préoccupent, qu'il pose de petits problèmes et en donne la
solution dans de brèves formules très nettes.

Le second procédé c'est l'examen de conscience.

L'Église le prescrit périodiquement, c'est-à-dire qu'elle
demande à chacun de se mettre en face de soi-même, à
certaines heures, à la fin de la journée, de s'interroger,
de se juger.

Eh bien, je souhaiterais que nos enfants apprissent à
faire ce que j'appellerai leur examen de conscience social.

Combien de fois dans la journée a-t-il oublié qu'il est
l'associé de ses camarades, de son maître ? Posez ainsi la
question et vous verrez, vous obtiendrez d'intéressantes
réponses ; beaucoup de problèmes de pédagogie et de problèmes moraux s'éclaireront ainsi de façon singulière ;
vous verrez tomber les écailles des yeux des enfants...
des yeux des hommes. Regarder le monde à travers sa
conscience sociale, ce sera pour chacun de nous avoir du
monde un spectacle nouveau.

N'avez-vous pas observé souvent, dans une salle de
spectacle, comment la lumière fait apparaître différem-
ment les objets, suivant qu'elle vient de la rampe ou de
la frise, et se projette plus ou moins vivement sur telle

ou telle partie du décor, n'avez-vous pas observé qu'un détail d'abord inaperçu apparaît soudain en pleine clarté, et, dès ce moment, vous donnez à ce détail toute votre attention pour ne plus rien voir d'autre.

Eh bien, il y a un faisceau de lumière à projeter sur l'aspect social des choses. De quel endroit, de quel point? Du point de vue de la conscience commune à l'humanité.

Si l'enfant, si l'homme prenaient l'habitude de considérer toujours les faits sociaux de ce point de vue, bien vite ils auraient honte d'actions qu'ils commettent maintenant sans rougir.

Or, cette habitude, vous l'avez, vous. Vous n'avez pas besoin de vous demander : Avons-nous manqué parfois à notre devoir d'associé? Je suis certain que vous entourez l'enfant de beaucoup d'intérêt et d'affection. Mais lui, vous entoure, trop souvent — pardonnez-moi le mot — de beaucoup d'indifférence. Sans y mettre de mauvaise volonté, il vous considère comme le maître qu'on lui a imposé et qui le force à faire, pendant un nombre d'heures trop grand, des choses ennuyeuses, et il éprouve peut-être moins de respect pour votre personne que pour votre autorité. S'il vous donne en outre de l'affection personnelle, c'est en raison des attentions et des bons traitements que vous avez eus pour lui. Il vous donne de l'affection parce que vous lui témoignez de la bienveillance et de l'amitié; mais cela ne suffit pas. Il faut lui inspirer un sentiment autre que la gratitude personnelle. Il faut qu'il ait conscience de la dette qu'il a contractée vis-à-vis de vous, qu'il sente que c'est en raison de votre travail, de vos études, des efforts que vous faites pour lui communiquer un peu du trésor qui est en vous qu'il vous doit de la reconnaissance. Faites-lui comprendre ce que vous êtes en réalité : des représentants de la société humaine, chargés de lui donner sa part du capital commun de science et de sagesse qui forme le trésor accumulé de l'humanité.

Pour cela, n'hésitez pas à sortir de votre rôle purement scolaire. Par des interrogations, par des exemples, accoutumez-le à faire à la fin de chaque journée son examen de conscience social. Demandez-lui : Qu'est-ce que tu as fait aujourd'hui ? raconte-moi ta journée.

C'est un devoir qui n'est pas dans le programme, mais l'enfant vous racontera volontiers cette journée. Il vous dira beaucoup de choses inutiles, sans intérêt, mais vous distinguerez dans son récit de petits faits, des actes dans lesquels il aura témoigné son indifférence ou son égoïsme, dans lesquels il aura non pas « manqué à faire un profit » — comme disent les paysans de mon pays —, mais manqué à faire un sacrifice. Vous attirerez son attention sur ces actes. Vous lui apprendrez, si je puis dire, à les méditer ; vous vous en servirez pour faire pénétrer dans son esprit, en répétant sans cesse la même idée sous des formes différentes, la notion de solidarité. Peu à peu, quand cette notion deviendra l'une de ses idées familières, elle entrera dans sa volonté, se mêlera à son désir, se confondra avec ses habitudes et se transformera en action.

*
* *

J'arrive au troisième moyen de notre méthode : aux œuvres.

Il s'est fait dans notre pays comme une éclosion soudaine et multiple de solidarité. Au début, personne n'a été véritablement conscient de cet immense effort. Cela a été comme une espèce de génération spontanée. On a créé des coopératives, institué des mutualités, organisé des caisses de retraites, fondé toutes ces œuvres enfin dont les murs du Musée social nous redisent l'histoire.

Et peu à peu, comme il arrive toujours, ces associations, nées pour des desseins pratiques, ont donné de remarquables résultats éducatifs, et on s'est aperçu de la véritable valeur de l'Association.

Dans son beau livre *La Cité moderne*, M. Izoulet — que je suis heureux de saluer ici — a formulé deux lois que je considère comme définitives. Il a dit « l'association crée » et « l'association n'additionne pas les forces, elle les multiplie ».

L'association multiplie les forces, c'est-à-dire que dix hommes associés pour une même œuvre atteignent aisément au résultat que n'atteindraient pas dix hommes isolés. Ils ont la force du faisceau que nul ne peut rompre.

L'association crée, c'est-à-dire qu'elle crée le sentiment social. Le fait de vivre en société ne procure pas seulement le profit matériel. L'association fait naître dans chacun de ses membres un sentiment nouveau, une volonté nouvelle. Que sont ce sentiment et cette volonté? C'est la conscience et le sentiment communs, dont je disais tout à l'heure qu'ils sont le signe de l'homme arrivé à son plus haut degré d'humanité.

Eh bien, il faut se souvenir de ces deux vertus de l'association. Chaque œuvre est un faisceau qui multiplie les forces individuelles. Les œuvres sont des écoles de solidarité. Il faut les faire connaître aux enfants; il faut les y mêler. Et il ne suffira pas de créer dans les écoles des mutualités scolaires, par exemple. Il importe aussi de donner aux élèves quelques notions de ce qui existe hors de l'école, après l'école, de les préparer à mieux comprendre ce grand mouvement de plus en plus rapide d'associations qui s'entrecroisent, se coordonnent, forment une trame de juste et volontaire solidarité et constitueront plus tard le tissu social définitif.

Parmi les nombreux et intéressants travaux des maîtres

des divers degrés de l'enseignement que nous a apportés
cette enquête, il y a notamment un travail fait par un
instituteur d'une commune des Vosges, Mont-les-Neuf-
château. Cet instituteur a écrit pour son école et pour
nous une petite étude intitulée « le progrès social de la
commune de Mont ». Cela semble très simple, et ce dut
être très difficile à réaliser.

Cette notice débute par des notions géographiques,
par la description du village, puis vient l'histoire de la
commune à partir du jour où l'association a commencé à
y pénétrer. Il y a vingt ans, les terrains étaient divisés
en plus de 5.000 parcelles. Or, en 1900, on a fondé un
syndicat agricole, ou a procédé à des échanges volontaires pour arriver à grouper les terres. L'un a dit : j'ai
10 ares ici, 20 ares plus loin, 30 ailleurs, je n'en puis
rien faire. J'aimerais posséder 60 ou 80 ares d'un seul
lot. On s'est arrangé, on s'est associé, on a échangé et le
village s'est transformé. Deux hommes de bonne volonté
ont fait cela, qui sont devenus l'un le maire, l'autre
l'adjoint. Ils le sont toujours depuis dix ans. L'instituteur
ajoute qu'il ne fut que le modeste auxiliaire de cette
œuvre; je suis sûr qu'il en a été la cheville ouvrière,
qu'il en a été la conscience et la volonté.

Plus tard, par la création de syndicats d'agriculteurs, de
mutualités, de syndicats professionnels, de sociétés d'assurances contre la mortalité du bétail, cette commune a
atteint des résultats dont chacun de ses associés bénéficie.
Toujours modeste, l'instituteur se plaint beaucoup qu'on
n'ait pas assuré tous les animaux contre la mortalité,
qu'on n'ait pu le faire que pour l'espèce bovine.

On a créé aussi un tribunal pour les délits ruraux et tous
les différends qui s'élèvent dans le pays sont soumis gratuitement à l'arbitrage. Voilà un bel exemple et qui prouve
bien quel admirable bénéfice peut donner l'association.

*
* *

Je ne puis faire passer sous vos yeux tous les documents que nous avons recueillis. Il faut conclure. Je me suis efforcé de résumer ici les raisons pour lesquelles il nous paraît nécessaire d'introduire dans l'éducation nationale le point de vue que j'ai appelé le point de vue social. J'ai indiqué quelques-uns des points sur lesquels devrait porter théoriquement et pratiquement l'action des instituteurs et des institutrices.

Je vous ai montré comment, par des leçons, des devoirs, des interrogations, par de petits examens de conscience, par des œuvres créées dans l'école, par la connaissance donnée aux enfants des œuvres que les adultes ont formées entre eux, il est possible et facile, en somme, d'arriver à former l'esprit et le sentiment social chez l'enfant.

Mais nous ne nous bornons pas à cette réforme de l'instruction scolaire. Nous désirons que notre enquête s'étende aux adultes eux-mêmes. Nous voudrions que les œuvres mutuelles : coopératives, sociétés de retraites, d'assurances de toute nature, existant dans notre pays, soient examinées et étudiées au point de vue suivant : Ces associations répondent-elles à l'objet qui est le nôtre, leur esprit est-il celui de la véritable solidarité?

Un intérêt personnel, d'ailleurs très légitime, les a fait naître ; mais se sont-elles bien orientées, ne gardent-elles pas des défauts originels, des vices d'organisation qui détournent, au profit de quelques-uns, ces bénéfices généraux de l'association qui devraient servir au profit de tous? La critique des œuvres fondées sur le principe d'association est à faire dans notre pays. Notre Congrès se propose de la tenter en une grande enquête qui, déjà, est commencée auprès des associations ouvrières.

J'ai voulu vous montrer, Messieurs, que la contribution de l'école à l'éducation sociale est la plus importante peut-être des questions qu'étudiera notre Congrès. Mais d'autres seront posées, et vous ne serez pas seuls à participer à cette vaste étude et à cette vaste entreprise. Vous vous rencontrerez avec les meilleurs esprits que préoccupe ce problème et qui nous apporteront des lumières de tous les points de l'activité sociale.

Nous voulons faire une enquête très étendue. Les Anglais procèdent ainsi. Toutes les fois que s'élève une préoccupation grave, que menace une crise commerciale, économique ou ouvrière dans leur pays, toutes les fois que le corps social est atteint ou semble atteint d'une blessure, ils ouvrent une enquête; ils font comparaître tous ceux qui peuvent avoir quelques précisions à fournir sur le mal naissant ou déclaré, tous ceux qui peuvent avoir des idées à donner, des remèdes à proposer.

Nous ferons comme eux. Nous souhaitons qu'une large information soit ouverte, qu'elle s'étende à toutes les œuvres de solidarité, qu'elle nous renseigne sur leur formation, leur développement, les réformes et les améliorations qu'elles attendent.

Cependant, le problème de l'éducation sociale à l'école est un de ceux qui nous préoccuperont le plus. Nous examinerons avec vous les résultats obtenus; nous chercherons ceux qui restent à obtenir. Nous ferons œuvre utile, j'en suis sûr; car déjà notre dossier nous en donne la preuve, des efforts ont été tentés avec une énergie dont nous ne nous doutions pas, dont nous avons été surpris, et dont je suis particulièrement heureux!

Partout l'instituteur travaille à créer cette conscience sociale, à créer cette âme française de demain dont il a, mieux que tout autre, senti le frémissement et compris l'inquiétude. Plus que tous les autres citoyens, il l'aidera à se développer librement, harmonieusement, à la préserver surtout d'un des maux de notre patrie, de ces discordes de classes, de ces haines attisées par tant d'hommes dont le talent se perd à diviser leurs semblables au lieu de s'utiliser à les réunir.

Je le redis en terminant, c'est des écoles de Paris et de la Seine que nous espérons le plus pour notre enquête, c'est d'elles que nous attendons les réponses les plus nombreuses et les plus significatives. Comme c'est de vous, Mesdames les institutrices, Messieurs les instituteurs de Paris et de la Seine, que nous espérons le plus noble effort pour aider à notre action. Vous êtes au cœur du pays, vous vivez au foyer de cette ville grande entre toutes par ses souvenirs et par ses œuvres, par son esprit qui a si souvent éclairé le monde. Vous êtes mieux placés que beaucoup de vos collègues, que ceux surtout qui luttent, seuls, dans les lointaines, pauvres, obscures communes de la plaine et de la montagne. Vous les devancerez, vous les entraînerez. Je me garderai bien de faire ici de la politique, mais il en est une pourtant dont nous pouvons parler et dont vous êtes. maîtres de l'école nationale, les serviteurs nécessaires; c'est celle qui se propose le rapprochement des hommes dans la volonté de justice, leur union dans une conscience commune, dans un idéal supérieur, assez noble, assez élevé pour les inspirer tous.

III

L'ÉDUCATION ET L'HYGIÈNE [1]

Mesdames, Messieurs,

Je ne vous retiendrai que quelques instants, car l'heure nous presse.

Nous avons été particulièrement heureux que Marseille ait été choisie comme le siège de la réunion qui s'achève. Marseille est, en effet, un des grands rendez-vous du commerce universel et en même temps, hélas! un des rendez-vous des maladies exotiques, venues de tous les points du globe.

Marseille est donc une ville riche en indications de toutes sortes sur le rôle qui nous est imposé dans la lutte pour la défense de la vie humaine. C'était un des centres d'observation et de discussion les mieux désignés pour un Congrès de l'Hygiène sociale. Aussi, nos discussions, si bien préparées par les travaux de vos rapporteurs du Congrès, ont été d'une richesse et d'une précision admirables.

Ces rapports, nourris d'observations personnelles, pleins de faits et de chiffres contrôlés, sont des modèles d'information.

(1) Discours prononcé à la séance de clôture du Congrès d'Alliance d'hygiène sociale, à Marseille, le 30 octobre 1910.

Vous avez entendu notamment, tout à l'heure, le rapport de M. Torel, l'éminent chef du service de santé. Avec une netteté et un courage singuliers, il a mis le doigt sur la plaie et nous a indiqué la nature et le siège du mal. Et personne n'a hésité à faire comme lui. Tous les rapporteurs ont dit la vérité sans ménagements inutiles.

Le sentiment de la triste vérité est au fond de vos cœurs à tous et vos esprits avaient hâte de la faire connaître au pays.

Le volume où seront réunis les travaux de notre Congrès aura une importance toute particulière et il sera lu avec profit surtout dans les autres villes maritimes de France.

Vous avez entendu exposer l'organisation de toutes les œuvres marseillaises dont le but est de sauvegarder la santé publique. Elles sont dignes d'être données en exemple et je regrette de ne pouvoir en faire l'énumération. Mais vous avez dû reconnaître combien elles sont encore dispersées, insuffisantes, et combien les forces de défense sont encore inférieures aux forces d'attaque. Du moins chacune d'elles est trop utile, trop bien dirigée pour qu'on n'ait pas le droit d'espérer qu'elles se développeront très rapidement, lorsque sera organisée la Fédération préparée par vous de toutes vos œuvres locales de Marseille.

Et, en parlant de cette Fédération prochaine, je me rappelle l'exemple donné, sur ce point, par les mutualistes et la puissance incomparable que les sociétés mutuelles ont conquise en se fédérant; je suis heureux de prononcer ces paroles dans la *Maison de la mutualité*. C'est une belle chose que cette maison elle-même. C'est un symbole. Elle prouve, par son existence même, la force toute nouvelle de la mutualité française. Des hommes dispersés viennent se rassembler ici comme dans une forteresse, mais la forteresse est ouverte à tous. Ils ont établi ici leur quartier général; ils veulent enseigner à tous *le devoir social que tous doivent accomplir* et dont ils sont les premiers soldats et les premiers serviteurs.

Dans une autre réunion de l'Alliance d'hygiène sociale, je disais un jour que notre but est d'assurer la défense nationale à l'intérieur, la défense contre tous les maux sociaux qui menacent malheureusement la puissance et la vitalité de notre pays.

Cette défense, c'est l'armée de la mutualité qui est en première ligne chargée de l'assurer et de la faire triompher. Et ce triomphe, vous l'obtiendrez, Messieurs, en agissant non pas dans un sentiment de charité, mais dans un esprit réfléchi de solidarité et de prévoyance.

Prévoir le mal et s'unir pour l'empêcher de naître, c'est la seule méthode efficace.

Il me revient à la mémoire un proverbe que se répétaient au moyen âge nos aïeux, lorsqu'ils allaient au champ de tir : « Prends garde, disaient-ils, quand la flèche est partie, elle est dans la main du diable. » Eh bien, quand la maladie est partie, elle est dans la main du diable; afin que la flèche n'atteigne pas son but, il faut l'empêcher de partir.

Telle est l'œuvre de la prévoyance. Tel est l'esprit dans lequel il faut concevoir la lutte. Tel est l'esprit qu'il faut enseigner aux innombrables Français qui l'ignorent encore. Et cet enseignement à répandre, messieurs, est l'essentiel de notre tâche. Vous n'êtes pas seulement des médecins, des hygiénistes, des savants, vous êtes des éducateurs pleins de la volonté d'enseigner leur science à tous : vous êtes les *éducateurs de l'Hygiène sociale.*

*
* *

En ce moment, la situation de notre pays a pris un caractère tragique. Vous le savez, la natalité s'arrête et la mortalité ne décroît pas, alors que, dans les pays voisins du Nord, la mortalité diminue et la natalité augmente encore rapidement. Et, il faut le dire résolument, de toute notre force, il faut répéter sans cesse la dure vérité, si cette situation tragique dure, la France va à la mort.

Vous ne faites donc pas seulement une œuvre d'hygiène physique. Vous entreprenez une œuvre formidable de salut national, et, je le dis gravement, ce que vous avez à combattre avec le plus d'énergie ce ne sont pas les maux physiques, ce sont les maux intellectuels : l'indifférence et l'ignorance d'où découlent toutes nos misères.

Certainement, leur ignorance ne peut être reprochée à nos ruraux qui continuent à manquer naïvement à toutes les règles de l'hygiène. Ils ne savent pas, ils ne sont donc pas responsables, pas plus que n'est responsable actuellement l'ouvrier de nos grandes usines ; il faut aller à eux afin de les instruire et de les éclairer.

Mais il y a aussi à éduquer l'industriel, qui occupe des ouvriers dans des locaux insalubres, l'armateur qui transporte, sans y prendre garde, les maladies d'un pays à un autre, le propriétaire qui loue des taudis infectés et laisse s'entasser dans des locaux sans espace, sans air, sans lumière de malheureuses familles, et qui ne sait pas que le bénéfice qu'il tire de ses logements ainsi loués est presque criminel.

Et c'est partout la même ignorance. C'est le petit rentier qui laisse ses domestiques sous les combles sans se préoccuper de leur santé, sans examiner l'état sanitaire de leur chambre. Et c'est encore le médecin lui-même, le médecin qui s'imagine avoir fait tout son devoir lorsqu'il a soigné consciencieusement le malade et qui oublie qu'il peut accomplir quelque chose de mieux encore, qu'il peut faire une œuvre d'éducation et de salut public en instruisant et en sauvegardant la famille saine du malade.

J'ai l'air de faire le procès de tout le monde. En réalité, je ne fais le procès de personne. En particulier j'attaque ce vice redoutable de l'ignorance égoïste, qui malheureusement se retrouve chez un trop grand nombre, dans toutes les professions, dans toutes les classes de la société. Ce que nous avons entrepris, il faut le poursuivre avec une énergie et une persévérance qui ne se lasseront jamais. Il faut s'attaquer à l'ignorance des pouvoirs publics, des municipalités, des assemblées départementales et des Chambres qui, trop souvent, répondent par l'inertie lorsqu'on vient leur demander leur concours pour une œuvre sociale d'hygiène publique. A la longue, vous le verrez bien, nous arriverons à nous faire écouter, mais à la condition de ne pas nous lasser un seul jour.

Voyez le problème de l'alcoolisme. Nous ne sommes pas arrivés à voter en France l'interdiction de l'absinthe. Notre collègue, M. Schmidt, a étudié cette question avec une compétence et un zèle sans pareils. Je suis heureux de le remercier ici. Il a été un des vaillants soldats de la lutte contre l'alcoolisme à la Chambre.

La loi présentée n'a malheureusement rencontré que mauvaise volonté, indifférence, et toujours ignorance. On ne se doute pas qu'en en retardant le vote on laisse se perdre sans souci tant de vies humaines. Avec vous, Messieurs, nous continuerons de lutter et, je le répète, nous ne nous lasserons pas.

9

* *
*

D'ailleurs, j'ai l'impression qu'il se produit déjà dans les esprits une heureuse évolution. Chacun de nos congrès annuels marque un pas nouveau sur le terrain de l'hygiène sociale. Chaque année dans une ville nouvelle, il me semble que nous parlons à des hommes de plus en plus éclairés, de plus en plus convaincus. La loi de l'accélération des vitesses trouve ici son application.

Est-ce qu'un immense accord de tous ceux qui savent et de tous ceux qui veulent ne peut pas nous assurer bientôt un triomphe certain pour le bien-être et pour la prospérité de notre pays? Je fonde tous mes espoirs sur le grand mouvement qui se dessine en faveur de cette cause de l'hygiène sociale qui me tient tant à cœur. De même que vous comptez ici, à Marseille, Messieurs, sur le souffle d'un mistral impétueux pour dissiper les germes morbides, de même, je compte bien, qu'au lendemain de ce Congrès, s'élèvera un souffle puissant qui communiquera à tous, pour la grandeur de notre Patrie et pour le salut de notre race, la certitude de vos esprits, la foi de vos consciences, l'élan de vos volontés.

IV

L'HYGIÈNE SOCIALE PAR L'ÉDUCATION [1]

Messieurs,

Nous avons donné pour programme à notre réunion de 1913 la question suivante : *De la nécessité d'une éducation publique en matière d'hygiène sociale et des moyens de l'organiser.*

Tout a été dit depuis longtemps, et notamment dans chacun de nos Congrès, sur la situation de la santé publique dans notre pays. Nous sommes loin d'être à cet égard au rang où devraient nous mettre parmi les nations le développement intellectuel, la puissance financière et l'ensemble des idées morales et sociales de notre pays.

Ai-je besoin de rappeler la situation des Etats voisins? En Allemagne, il y a près de trente ans que l'organisation de la prévoyance contre tous les risques de la vie a été créée par l'Etat et acceptée avec une discipline admirable par l'ensemble de la population laborieuse. En Angleterre, dans le pays traditionnel de la liberté de l'individu, les lois sur l'assainissement des villes ont permis aux grandes cités ouvrières de se transformer depuis un quart de siècle, et tout récemment, une série de dispo-

---

(1) Discours prononcé à l'ouverture du VIIIᵉ Congrès de l'Alliance d'Hygiène sociale, à Paris, le 14 mai 1913.

sitions législatives organisant la retraite invalidité,
l'assurance contre la maladie et contre les accidents du
travail, viennent de donner presque d'un seul coup au
peuple britannique tout un code de la prévoyance sociale.
L'Italie nous offre, avec son Risparmio de Milan et ses
grandes Institutions d'épargne et de prévoyance, tout un
système d'assurance qui a déjà contribué à transformer
la figure du pays. Que d'autres exemples encore la Belgique, la Suisse, l'Autriche et le Nouveau-Monde pourraient nous donner! En France, au contraire, l'œuvre
reste partielle, peu cohérente, inachevée et sur certains
points même à peine commencée.

Nous avons bien une loi sur la santé publique, la grande
loi de 1902, due à l'admirable labeur de notre cher
ancien collègue, Henri Monod, mais c'est son successeur
à la Direction de l'Assistance publique, notre excellent
ami Mirman, qui le constatait récemment avec trop de
vérité, cette loi n'est encore, en dehors de quelques
grandes villes de France, que bien peu connue, peu comprise et peu appliquée. Notre législation d'assurance
contre les accidents est déjà ancienne et, malgré bien des
difficultés, elle est entrée dans les mœurs; mais la législa-
lation des retraites ouvrières et paysannes, récemment
améliorée, n'en est encore qu'à sa première année de
véritable application et de nouveaux projets sont soumis
à la Chambre, pour en assurer le plein fonctionnement.
L'assurance invalidité est à l'étude et j'ai confiance que
mon excellent successeur au Ministère du Travail, mon
ami Henry Chéron, ne tardera pas à déposer le projet
dont nous avions commencé la préparation l'année dernière et dont il achève en ce moment la rédaction avec
sa grande compétence et sa merveilleuse activité.

Tout cela, je le répète, est incomplet et les résultats
sont malheureusement tristes à constater. Il est peu de

pays où la mortalité s'abaisse moins qu'en France, et malgré les résultats obtenus dans certaines grandes villes comme Paris, pour quelques maladies contagieuses, on ne peut dire que l'ensemble de notre mortalité française soit réduit au point où elle devrait l'être en présence des progrès admirables de la science médicale ou chirurgicale. Rappellerai-je notamment les chiffres redoutables que présentent dans notre pays la morbidité et la mortalité par tuberculose? Quand l'on songe qu'en Angleterre et en Allemagne, les taux annuels sont tombés à 11 pour 10.000 habitants, tandis que dans notre pays les mêmes taux sont encore de 22,5 pour 10.000, peut-on s'empêcher d'éprouver un sentiment de tristesse profonde, d'irritation pour ainsi dire, et ne doit-on pas prendre la résolution de lutter avec toute l'énergie possible contre une indifférence et contre une inertie qui vont jusqu'à menacer l'existence même de notre pays?

Et je n'ai pas encore parlé des chiffres de notre natalité! Mon savant et dévoué collaborateur d'hier, M. Lucien March, directeur de la Statistique au Ministère du Travail, vient de publier dans la Revue *L'Eugénique* des graphiques tristement significatifs à ce sujet. Je ne saurais en donner ici les détails. Je retiens ce fait essentiel et profondément douloureux : tandis qu'il y a un siècle, la population de la France, ramenée à son territoire actuel, représentait plus de 16 % de la population de l'Europe, elle n'en forme même plus aujourd'hui les 9 %. Et cependant cette même race française n'a pas perdu par ailleurs ses qualités natives et sa puissance d'expansion, puisqu'en Algérie et au Canada notamment, M. Lucien March nous montre que, de toutes les races, c'est la nôtre qui s'accroît encore le plus rapidement.

Messieurs, quand un mal aussi grand menace le lendemain d'une grande nation, ceux qui ont une part de

9.

responsabilité dans le gouvernement du pays n'ont pas le droit de se reposer un seul jour. Quand la mortalité infantile demeure considérable, quand la mortalité générale s'abaisse à peine, quand la natalité décroît dans une mesure effrayante, quand les maladies sociales comme la tuberculose gardent une puissance mortelle supérieure à celles que subissent les autres pays, quand l'alcoolisme ajoute à toutes les causes d'affaiblissement de la race sa formidable action de mort, il faut répéter sans cesse le *delenda Carthago*, et non pas seulement demander aux Chambres et au Gouvernement une action législative ou réglementaire, il faut entreprendre une croisade morale, une œuvre de propagande incessante, d'agitation méthodique et infatigable, réveiller l'opinion publique de son lourd et fatal sommeil, faire naître dans les esprits les plus insouciants, les plus ignorants, les plus rebelles, la pensée du péril commun, du péril de la nation et de la race, et mettre dans les cœurs la volonté de ne pas mourir.

*
* *

Messieurs,

La nécessité d'une éducation publique en matière d'hygiène sociale est donc trop clairement démontrée pour notre pays. Nous voudrions, au Congrès de cette année, rechercher et déterminer les moyens d'organiser d'une façon méthodique et complète cette éducation indispensable.

Le mot d'éducation publique éveille tout d'abord l'idée d'une organisation administrative, d'une législation et d'une réglementation publiques ; mais l'œuvre qu'il s'agit d'entreprendre est bien autrement étendue, et la collaboration de toutes les bonnes volontés individuelles, de toutes les initiatives privées est nécessaire pour donner au mouvement toute sa force et toute son efficacité.

Certes, l'école publique, primaire ou secondaire, ne doit pas être étrangère à l'action. Notre Commission permanente de défense contre la tuberculose a bien souvent demandé que l'enseignement de l'hygiène fût introduit dans les progammes de l'instruction publique à tous les degrés. Nous n'ignorons pas que, dans l'école primaire, une place a déjà été faite à l'enseignement élémentaire de l'hygiène, mais cette place est bien étroite et bien modeste, et nos instituteurs manquent souvent de la préparation nécessaire pour donner utilement de telles leçons. Il faut que, dans les écoles normales primaires, les maîtres soient, d'abord, fortement préparés à cet enseignement et rendus familiers avec ses méthodes particulières. Il s'agit, en effet, de vérités toutes pratiques dont la leçon naisse comme d'elle-même, grâce à des exemples tirés de la vie de chaque jour. Ce n'est pas dans les livres, c'est à toutes les heures, à l'occasion des moindres incidents de l'existence quotidienne qu'on apprendra la propreté, la bonne tenue, les soins nécessaires à la santé, les risques innombrables de maladie. Et c'est à l'école ou au foyer de la famille que les constatations peuvent être faites, les conseils utilement donnés. Il ne faut pas oublier surtout que l'éducation de l'élève sera sans fruit durable si elle s'adresse à lui seul, si elle s'arrête à lui ; qu'au delà de l'écolier, ce sont ses parents, qui doivent être aussi visés par le maître et que, bien souvent, c'est l'élève qui pourra familièrement, au retour de l'école, faire comprendre aux siens le danger de certaines pratiques, de certaines habitudes et la nécessité de petites réformes intérieures, qui tourneront au profit de la famille tout entière.

* *
* *

Mais si, à l'école primaire, il existe déjà d'intéressants essais d'enseignement de l'hygiène, combien pauvre est, au contraire, à ce point de vue, notre enseignement secondaire et combien étrangers à nos préoccupations restent malheureusement la plupart des hommes, très distingués par ailleurs, qui y donnent l'instruction à nos enfants. Certes, l'organisation matérielle de nos lycées et de nos collèges a été transformée depuis la République et les exemples sont de plus en plus rares, heureusement, de ces misérables salles de classe, de ces affreux dortoirs mal éclairés, mal chauffés, mal entretenus, dont les hommes de notre âge ont gardé le souvenir. Seulement, si les jeunes gens de nos lycées et de nos collèges ont été ainsi placés dans des conditions matérielles meilleures, on n'a pas songé à transformer, en même temps, l'esprit de l'enseignement qui leur est donné. Je puis dire qu'en aucune circonstance, on n'enseigne à nos lycéens les devoirs qu'impose aux jeunes gens de leur classe le souci de la santé de leur famille, de leur milieu, de leur pays.

Enfin, de même que, dans l'enseignement primaire, rien n'est possible si la préparation des maîtres à l'enseignement de l'hygiène n'est pas donnée dans les écoles normales, de même, dans l'enseignement secondaire, rien ne pourra être fait tant que l'enseignement supérieur ne sera pas, à son tour, pénétré de la nécessité de cette éducation. Il faut que l'école normale supérieure, que les grandes écoles : Polytechnique, Centrale, etc., réforment leurs programmes à ce point de vue. Je ne puis rappeler sans une certaine tristesse que, lorsque la Commission de prévoyance a demandé au ministre de la Guerre l'introduction de l'enseignement de l'hygiène dans les programmes de l'Ecole Polytechnique, il nous fut répondu que cette école était d'un niveau trop élevé pour qu'un enseignement de ce genre y fût donné. Comme si les lois de la vie n'étaient pas l'objet des recherches de la science la plus haute et comme si les applications de ces lois ne devaient pas préoccuper avant tout ceux qui seront demain les chefs de notre armée ou de nos grandes administrations nationales !

★
★ ★

Fort heureusement, la gravité de la cause que nous plaidons ici commence à être comprise, en dehors des administrations publiques, par les groupements d'initiative privée, qui, depuis une trentaine d'années, se sont développés si puissamment dans notre pays. Dans la plupart de nos industries, notre collègue Briat, qui représente avec tant de dévouement et d'autorité parmi nous le monde du travail, vous dira certainement les améliorations considérables apportées depuis vingt années à l'hygiène générale de l'usine et de l'atelier, progrès dus à un double effort, celui de nombreux chefs d'industrie prévoyants et conscients de leur responsabilité sociale et celui des associations et des syndicats ouvriers que pénètre l'esprit de réalisation méthodique et qu'anime — chaque jour davantage, j'ai pu le constater au ministère du Travail — la volonté d'assurer pacifiquement l'indépendance matérielle du travailleur et la dignité morale de son foyer.

L'esprit d'association renouvelle d'ailleurs la pensée nationale et 'c'est une merveille de voir à quel point, dans les sociétés de tout ordre, coopératives, mutuelles, syndicales, où tend à s'organiser librement la vie collective, la connaissance de la solidarité, qui doit unir tous les éléments de la nation dans la défense commune de la santé et de la vie, s'affirme aujourd'hui non plus par des discours, mais par des actes. Nous aurons de ce généreux essor des témoignages éclatants, rendus plus probants encore par leur extrême diversité d'origine, dans les communications que nous ont promises Mlle Chaptal, Mme Veil-Picard, Mme Poirier, M. Barbaud, M. Baguer, M. Olivier, sur l'assistance privée, l'hygiène à l'école, les habitations ouvrières, l'éducation de l'enfance anormale et l'action mutualiste.

La mutualité française est tout entière en ce moment engagée dans la lutte. A l'idée ancienne du secours dû, en cas de maladie déclarée, s'est ajoutée l'idée de la prévoyance collective contre le danger de maladie et les œuvres de défense préalables créées par les Unions, suscitées et soutenues par la Fédération nationale, se multiplient chaque jour à l'appel de notre vaillant ami Mabilleau.

On peut espérer que, dans quelques années, il n'est pas un canton de la France où fera défaut un dispensaire de la santé publique, organe de la prévoyance méthodique et mutuelle, créé, entretenu et développé par l'ensemble des mutualités de la région.

Il semble qu'en cette matière, au lieu de recevoir d'en haut les vérités démontrées, c'est la masse même de la nation qui, dans son expérience quotidienne, en élabore la recherche, en découvre les preuves et en propage les leçons.

*
* *

Il est un des paragraphes de notre ordre du jour dont le texte peut étonner au premier abord : de l'éducation des pouvoirs publics en matière d'hygiène sociale. Mais c'est, qu'en effet, c'est au gouvernement lui-même et c'est aux assemblées parlementaires que nos braves mutualistes semblent aujourd'hui vouloir faire très respectueusement la leçon. Combien peu de place, malgré les efforts de quelques-uns, la législation et l'organisation de la défense de la santé publique tiennent encore dans les débats parlementaires. Les querelles de la politique quotidienne, les terribles préoccupations de la « question de portefeuille » trouvent toujours une place à l'ordre du jour. Quel sacrifice la Chambre a semblé faire l'année dernière en réservant une journée aux lois sociales et quelle pauvre petite place semblent devoir encore aujourd'hui tenir dans les prochains débats les questions si importantes des heures de travail, de l'alcoolisme, de la lutte contre la tuberculose, etc.

Est-ce qu'une question comme celle de la déclaration de la tuberculose qui occupe en ce moment si utilement l'Académie de Médecine ne devrait pas être au premier rang des préoccupations du Parlement français? Est-ce que la législation antialcoolique ne devrait pas avoir son tour de faveur et ses séances du matin réservées? La défense de l'enfance soulève tant de questions pour l'étude desquelles un groupe spécial s'est formé dans les deux Chambres, est-ce que la discussion de ces questions ne devrait pas tenir la première place dans les préoccupations des pères de famille qui siègent cependant bien nombreux sur les bancs de nos assemblées?

Y a-t-il mauvaise volonté? Non. Y a-t-il même indifférence? Non, car, dès que l'on cause avec l'un de nos collègues de ces questions angoissantes, on trouve immédiatement une sympathie émue, empressée, une bonne volonté certaine, mais en même temps une ignorance profonde de la gravité du mal et des moyens à employer pour en triompher.

Nous devons être très reconnaissants à ceux de nos collègues des deux Chambres qui ont, comme l'ont fait nos amis Lourties, Ferdinand Dreyfus, Doizy, Schmidt, Honnorat, Joseph Reinach, Breton, Bonnevay, Lachaud, René Besnard, accepté la tâche soit d'être ici rapporteurs du problème de l'éducation mutualiste et de l'éducation par l'école, des questions de l'alcoolisme, du taudis et de la tuberculose, soit là-bas, à la tribune nationale, les défenseurs de notre cause et les hérauts de notre appel aux armes.

*
* *

Enfin, Messieurs, je touche à l'un des points les plus délicats de notre ordre du jour. Je disais tout à l'heure qu'en cette matière, c'était des masses populaires que semblait venir le courant de vérité. Il semblerait qu'en matière d'hygiène, c'est au médecin que devraient, avant tout, être demandés le conseil et l'exemple. Eh bien, des maîtres de la science médicale seront ici pour nous dire quel chemin il y aura encore à faire pour que, dans son ensemble, le corps médical, d'ailleurs si profondément dévoué à son rôle professionnel, prenne conscience des devoirs nouveaux que les lois de la solidarité sociale imposent à celui qui veut être digne de ce grand titre de médecin.

Il en est du médecin comme de la Société de secours mutuels. Au médecin d'hier, qui considérait sa tâche comme terminée lorsqu'il avait consciencieusement porté ses soins au malade, *au médecin de la maladie* doit se joindre le médecin chargé d'empêcher la maladie de naître, le médecin de demain appelé brièvement *le médecin de la santé.*

Être celui qui, dans la famille et dans l'école, prévoit la maladie prochaine, devine le développement menaçant du germe nuisible, arrête ainsi la maladie avant qu'elle ait pu frapper le premier coup. Etre plus encore, celui qui s'assure à l'avance que tout, dans les conditions d'existence du foyer familial ou du groupement social, est organisé pour le minimum de risques et le maximum de garanties de la santé de tous. Etre celui qui, allant plus loin encore, non seulement veille sur l'homme dès sa jeunesse, sur l'enfant dès sa naissance, mais encore avant que l'enfant ne fût né ou même conçu, a veillé sur ceux qui lui devaient donner l'existence et s'est efforcé d'écarter du germe humain toutes les causes de faiblesse et de dégénérescence. Etre ainsi, non plus le médecin de tel ou tel d'entre les vivants d'aujourd'hui, mais le médecin de tous les vivants de demain, le tuteur et le gardien de la race elle-même. Quel rôle admirable, digne de tenter les cœurs les plus ardents et les esprits les plus hauts! Mais, hélas! combien peu s'y préparent encore et comme nous devons féliciter et remercier les précurseurs qui sont venus ici, comme les professeurs Pinard, Edmond Perrier, Robin, Calmette, Letulle et Courmont, les Drs Mosny, Aviragnet, Guinard, Cruveilhier, Mathieu, Dufestel, A.-J. Martin, je ne puis les citer tous, nous apporter non seulement les enseignements et les directions nouvelles de la science médicale sociale, mais l'exemple de leurs travaux et de leurs œuvres de prophylaxie, d'hygiène, de préservation, d'eugénétique et tracer à nos yeux, dans les lignes essentielles, l'image de ceux qui seront un jour les conseillers vigilants de la race, les maîtres acceptés de la vie nationale.

*
* *

Messieurs, j'ai dû trop longuement, et cependant bien sommairement encore, parcourir avec vous les objets principaux de notre ordre du jour. J'ai hâte de vous laisser commencer votre travail. Il s'agit de ne rien dissimuler du mal. Notre pays est menacé. Il l'est par l'alcoolisme; il l'est par la tuberculose; il l'est par le ralentissement de la natalité. Il faut que, contre tous ces dangers, il soit méthodiquement instruit, énergiquement défendu. Il faut qu'une action collective s'exerce du plus petit de nos villages jusqu'au centre de l'action politique et sociale, avec le concours de toutes les bonnes volontés, avec l'aide de toutes les administrations publiques, de toutes les initiatives privées, avec l'appui des pouvoirs parlementaires et du Gouvernement. Il faut que, contre les innombrables forces de la maladie et de la dégénérescence se fasse ce que j'ai déjà appelé la concentration et la mobilisation de toutes les forces protectrices de la santé et de la vie nationale.

Nous sommes, en ces temps de crise internationale européenne, légitimement préoccupés des nécessités de la défense de nos frontières. Nous cherchons à rendre plus puissante, plus immédiatement agissante l'armée de la défense militaire devant l'accroissement formidable des autres puissances. Pour assurer l'indépendance et la sécurité de la Patrie, le pays est prêt à faire le plus énergique des efforts et le plus complet des sacrifices. Mais les puissances mortelles qui menacent de tarir les sources mêmes de la vie nationale ne sont pas moins redoutables que les forces des adversaires du dehors. Ayons contre ces autres ennemis le même sentiment du péril, la même volonté d'en triompher.

Messieurs, osons dire à la France qu'il lui faut assurer à tout prix le nombre, la santé, la vigueur matérielle et morale de ses enfants, si elle ne veut pas rendre vains et stériles les sacrifices qu'elle est, d'un cœur résolu, prête à consentir pour la défense de ses frontières et la pure gloire de son nom.

LES INITIATIVES PRIVÉES

La Coopération.

I

PUISSANCE DE L'IDÉE DE COOPÉRATION (1)

Ma première parole doit être un remerciement adressé à la Chambre consultative des Associations ouvrières de production, et à tous les citoyens qui sont réunis ici pour l'invitation qu'ils ont adressée à quelques-uns de ceux qui, dans les derniers mois, ont saisi en mains le drapeau du progrès démocratique et républicain et l'ont porté en avant avec toute leur bonne volonté et toute leur énergie.

Il a semblé, pendant cette période, qu'un mot d'ordre se faisait entendre, qui était contraire au mot d'ordre bien connu des temps anciens; il a semblé qu'on disait autour de nous : « Guerre aux hommes de bonne volonté! » Vous avez voulu qu'aujourd'hui ceux qui avaient été à la peine fussent à l'honneur. Nous vous en remercions profondément.

(1) Discours prononcé à la fête de la Chambre consultative des Associations ouvrières de production et de la Banque coopérative, du 14 juin 1896.

* *

Je ne puis, dans cette salle, au milieu des membres
des Associations ouvrières de production, empêcher ma
pensée de se reporter à quelques années en arrière, à
une fête qui, en 1890, réunissait déjà quelques-uns
d'entre nous au milieu de vous, au lac Saint-Fargeau.
Vous fêtiez alors une époque moins prospère, mais vous
fêtiez déjà les mêmes espérances et presque les mêmes
réalités. Quelqu'un vous présidait, qui n'est plus là. Je
ne me pardonnerais pas de n'avoir pas prononcé son
nom et de n'avoir pas rappelé que c'était le citoyen
Floquet qui présidait votre réunion de 1890. Vous étiez
alors réunis autour de lui pour le remercier du premier
acte par lequel l'État avait reconnu son devoir envers
vous, le décret de 1888.

Depuis, le temps a marché; la récompense n'a pas toujours été aux plus dignes, et quelques-uns sont morts
dont nous devons saluer ici le souvenir.

Mais l'idée est plus forte que la mauvaise volonté et
que l'injustice des hommes; et l'idée que nous fêtions
alors, l'idée immortelle survit, plus puissante et plus
féconde que jamais.

Oui! en lisant les documents que votre secrétaire m'a
communiqués ces jours-ci, en écoutant le discours de
votre président, j'ai eu un sentiment de profonde allé-
gresse, j'ai eu la certitude que ce qui est bon et juste
domine et prévaut toujours, que les temps premiers sont
difficiles, que les heures de début sont quelquefois des
heures d'épreuve douloureuse, mais que, malgré tout,
après l'ascension pénible, arrive la joie des sommets, et
que la grande lumière baigne alors les fronts de ceux qui
ont eu le courage d'accomplir l'ascension jusqu'au bout.

Ah! c'est une histoire merveilleuse, pleine d'enseignements et de promesses que cette histoire de vos Associations et de votre Chambre consultative! Quels débuts difficiles! Quelles luttes des premiers instants! Je parcourais, les unes après les autres, ces monographies si intéressantes, si émouvantes parfois, de chacune de vos Associations ouvrières; j'y voyais des chiffres merveilleux dans leur petitesse, tel que ce chiffre de 225 francs comme premier capital d'une de vos Associations, j'y voyais ce nombre de cinq ou six travailleurs pénétrés de l'idée de la Coopération, s'associant dans une petite chambre, dans un atelier misérable, pour arriver à faire vivre l'œuvre commune; et puis, peu à peu j'y voyais, après les premières années de déboires, après les découragements et quelquefois les désertions et les ruines, malgré tout et contre tout, par la force invincible de l'idée, ces Associations croissant et se développant, et l'ensemble d'entre elles arrivant aujourd'hui dans notre démocratie laborieuse à représenter à la fois ce qu'il y a peut-être de plus puissant, et en tout cas, ce qu'il y a de plus durable dans l'organisation du capital et du travail.

Oui, il a suffi que, dans chacun des groupes, il y eût, au milieu des incertains, des hésitants, des timorés, des faibles, quelques-uns qui étaient les fidèles et les résolus, pour que, pendant ces treize années qui s'écoulent de 1883, date de la fondation de votre Chambre consultative, à 1896, date de la fête que nous célébrons aujourd'hui, la marche en avant s'accusât tous les jours, la progression devînt plus rapide, et qu'après ces années dans lesquelles c'étaient 22 Associations d'abord, mais plus tard seulement 10 ou 11 qui faisaient partie de la Chambre consultative, on vît 30 Associations, puis 40, puis 50, puis 75 et, enfin, aujourd'hui, 100 Associations, réunies dans l'œuvre commune.

Nous fêtons aujourd'hui, non pas votre centenaire, —

vous êtes encore tellement jeunes et tellement vigoureux, que vous ne pensez même pas à cet âge, — mais
votre centième. Si bien qu'avec la progression continue
je ne sais pas quel sera le chiffre qu'il faudra fêter à votre
centenaire.

Puis les œuvres complémentaires sont venues peu à
peu à vous, et, chose merveilleuse, la puissance contre
laquelle on aurait cru tout d'abord que votre effort était
dirigé, l'argent, s'est mise elle-même de la partie, et vous
voici des banquiers, c'est-à-dire des capitalistes, et nous
fêtons la Banque coopérative en même temps que la centième Association ouvrière de production.

* *
* *

Et ce ne sont pas seulement — croyez-le bien — les
résultats matériels que nous avons le droit et la joie de
fêter aujourd'hui! Certes! ces résultats matériels ne sont
pas méprisables; certes, c'est quelque chose de vous
voir, par votre travail en commun, assurer le bien-être
à beaucoup qui, sans cela, ne l'auraient pas connu; mais
en même temps, et c'est ce que nous lisons dans vos
rapports et dans vos comptes rendus, les bienfaits de la
Coopération se manifestent également en dehors des
résultats matériels, sur le terrain des résultats intellectuels et moraux, et nous savons très bien que ceux-là
vous sont plus chers que les autres.

Oui! nous voyons, à chaque instant, dans vos rapports, que la valeur des produits créés par vous s'élève
parce que la valeur de ceux qui dirigent et de ceux qui
coopèrent s'élève en même temps : et c'est une satisfaction profonde de penser qu'à cette époque, ancienne
déjà, où vous rencontriez la défiance des chefs d'industrie ou d'administration, où l'on doutait de votre œuvre,

où l'on craignait que les travaux commandés à vos Associations ne fussent pas exécutés avec toute la connaissance dans la direction, avec toute la perfection dans l'exécution que l'on était habitué à attendre des fournisseurs ordinaires des grandes administrations, qu'à cette époque a succédé, au contraire, l'époque présente où chacun s'accorde — c'est le témoignage des ingénieurs de l'Etat, des architectes de la Ville, de tous les chefs des grands services publics — à reconnaître qu'il n'y a pas de travaux mieux faits que les vôtres, d'industrie dans laquelle les relations entre celui qui fait travailler et celui qui travaille, entre le propriétaire, l'administration, Ville, Etat, peu importe, qui commande le travail et l'entrepreneur qui l'exécute, soient meilleures, plus faciles et plus complètes ; de sorte qu'au lieu du sentiment de mécontentement et de regret qui, si souvent, était dans l'habitude, on voit se manifester partout un sentiment de satisfaction réciproque.

Vous avez ainsi démontré non pas seulement au point de vue de vos intérêts particuliers, quelque légitimes qu'ils puissent être, mais aussi au point de vue de l'intérêt de la nation et de la société tout entière, la puissance de l'idée maîtresse de votre œuvre.

Vous avez, en effet, raison de penser que ce que vous avez fait, vous ne l'avez pas fait seulement pour vous ; le profit de cette idée coopérative, vous l'avez fait recueillir, non pas seulement à ceux qui vous sont associés, mais à tous ceux qui se sont adressés à vous pour obtenir le travail. Merveille de la puissance de la Coopération qui répand ses bienfaits sur ceux-là mêmes qui doutent et sur ceux-là mêmes qui nient !

C'est pourquoi les fêtes comme la nôtre sont autre chose que des fêtes corporatives ; ce sont de véritables fêtes politiques et sociales.

Le germe que vous avez mis en terre n'est pas seulement celui d'une petite plante qui se développe dans votre jardin. J'ai dit tout à l'heure les difficultés de la première heure, et j'ai montré combien ce petit germe avait, pendant les premières années, eu de peine à traverser cette couche obscure et dure que la surface de la terre opposait à son développement. Mais à l'heure même où, sortant enfin de l'emprisonnement et de la nuit, le petit germe mystérieux qui portait en lui la vie tout entière, est arrivé jusqu'à la surface, jusqu'à ce point où les yeux de tous pouvaient se porter sur lui, où il pouvait aussi recevoir de toutes parts l'air et la vie, il s'est produit cette merveille que la petite plante que vous aviez semée, s'est tout à coup trouvée, par un effet admirable de puissance et de droiture, transformée en un arbre immense qui étend déjà ses branches sur une partie de ce pays, et qui bientôt, non seulement dans notre chère France, mais dans le monde tout entier, les étendra assez loin pour donner l'ombre bienfaisante à tous les humains.

* * *

Y a-t-il donc là quelque mystère? Y a-t-il là quelque miracle? ou n'est-ce pas simplement la loi même de la vie qui se manifeste en vous? La loi de solidarité dont vous êtes les serviteurs est la loi même de la vie, de la vie sociale comme de toute autre vie. Qu'est-ce autre chose que la vertu coopérative, que les qualités des membres de l'Association de production, sinon, d'un seul mot, la vertu sociale?

Et c'est ce qui fait que, non seulement ici, mais sur tous les coins du monde, l'idée de l'Association coopérative de production s'est répandue, s'est développée et produit ses fruits. Il suffit, en même temps que de lire les comptes rendus de vos Associations parisiennes et françaises, — car je n'ai pas oublié le nombre des Associations des départements qui font partie de la Chambre consultative, — il suffit, dis-je, de porter ses regards sur ce qui se fait au dehors, de voir comment, partout, en Italie, en Angleterre, en Belgique, en Allemagne, aux États-Unis, sur tous les points où le monde pense et travaille, peu à peu l'idée de la Coopération produit ses effets. Je n'ai pas besoin de citer devant vous les grandes Associations de coopération de l'étranger, ces Associations prodigieuses de consommation et de production qui font croire, comme dans certaines grandes villes de l'Angleterre, qu'il n'y aura bientôt plus de production et de consommation en dehors d'elles. Oui, partout éclate la puissance de l'idée de solidarité, partout cette vérité s'impose que la vertu coopérative, c'est la vertu sociale.

En effet, que vous demande-t-on et que demandez-vous quand vous entrez ou quand vous offrez à d'autres d'entrer dans des Associations comme les vôtres? On vous demande quelque chose qui, au premier abord, paraît bien peu et qui est tout en réalité : en même temps que vous aurez à défendre vos intérêts personnels et vos droits personnels, vous promettez, non pas seulement de respecter les intérêts et les droits fixés par la loi au profit des autres, mais d'unir vos efforts pour le bien commun de tous; vous avez quelque chose de plus à faire que votre devoir individuel envers chacun de vos associés, vous avez à remplir votre devoir social envers tous.

Et alors toutes les promesses de l'idée se réalisent d'elles-mêmes.

C'est le bien-être matériel donné à un plus grand nombre par la diminution des dépenses nécessaires à la vie et par l'accroissement, non plus de salaires, — car ce n'est pas un salaire, — mais du prix de la coopération commune. En même temps que ces avantages matériels, l'éducation intellectuelle et morale de chacun s'élève, l'idée pénètre les esprits; le sentiment, qui était d'abord un peu obscur et hésitant, reconnaissons-le, chez chacun de ceux qui avaient pris part à la tâche, devient plus précis, plus net, plus pénétrant; chacun sent mieux quelle est sa part dans la gestion commune et, par conséquent, dans les responsabilités communes; chacun sent mieux qu'il n'est plus un isolé, mais un associé; chacun sent mieux que sa journée n'est pas strictement finie ni sa tâche faite parce que l'heure réglementaire a sonné; qu'il est trop facile de se dire : « J'en ai assez ! » et qu'en vérité on n'a jamais fini sa tâche d'homme, parce que, pour le bien commun, il y a toujours quelque chose à faire.

Oui ! c'est cette merveilleuse éducation morale et sociale que vous vous êtes donnée à vous-mêmes et qu'en même temps vous donnez en exemple aux autres, qui fait le bienfait supérieur de votre œuvre.

Et c'est pourquoi ceux qui, dans la bataille politique, s'efforcent tous les jours de constituer plus fortement ce parti qui est non seulement le parti républicain, mais encore le parti démocratique, car ce mot contient en lui le germe de tous les progrès, vous sont reconnaissants; vous leur donnez en effet autre chose qu'une formule de plus à ajouter à toutes les formules des partis : vous leur donnez une expérience faite, une réalité constatée, un exemple qui s'impose à tous les esprits. Vous donnez à ce grand parti démocratique non pas seulement une formule vide, vaine, verbale, de la société de demain, vous lui en donnez l'image vivante, et c'est dans cette société que vous avez faite que nous reconnaissons avec vous la société idéale que nous voudrions voir naître.

* *
*

Ah! il est bien facile de donner des formules vides! Il
y a quelques jours, on en donnait une; on disait qu'il
suffisait, pour conduire un pays comme le nôtre, une
grande démocratie comme la nôtre, de déclarer si l'on
était pour ou contre le socialisme.

Oui! c'est ce qu'on a dit, et cela a paru suffisant pour
constituer une majorité. Nous ne croyons pas, nous,
qu'une formule de ce genre puisse suffire, qu'il y ait là
quelque chose sur quoi l'on puisse fonder un parti et par
quoi l'on puisse vivre.

D'abord, il faudrait définir le mot dont on se sert.
Qu'est-ce que ce socialisme contre lequel ou pour lequel
il faut être? Ira-t-on jusqu'à exclure cet esprit profondément socialiste dont quelqu'un qui ne passe pas pour
être un des nôtres, le très honorable M. Spuller, disait
un jour qu'il fallait le posséder pour étudier les questions sociales. Je ne le crois pas. Serait-ce le socialisme
chrétien dont M. de Mun s'est fait l'éloquent apôtre?
Mais, si l'on repoussait celui-là, je ne vois plus la majorité.
Ira-t-on jusqu'où allait hier — ce n'est pas bien vieux —
un grand journal qui doit avoir les secrets de ceux qui
dirigent le monde, les *Débats*, qui appelait socialiste, en
la montrant du doigt, la pauvre petite loi sur le travail
des enfants et des femmes dans les manufactures?

Il faut s'entendre et il faut définir. Non: j'ai encore
l'espoir que ce n'est pas cela qu'on veut dire, et qu'on a
simplement voulu condamner une doctrine parmi les
doctrines socialistes, la doctrine collectiviste.

Je dirai d'abord que cela ne suffit pas. Il ne suffit pas
de gouverner contre une idée, il faut gouverner pour
une idée.

Nous avons parfois rencontré des vieillards qui croyaient

avoir encore de longues années à vivre, parce qu'ils
avaient un remède contre les maladies dont ils se
voyaient menacés. Il ne suffit pas d'avoir un remède
contre les maladies, il faut avoir en soi un principe de
vie, d'existence et de développement. Dans le corps
social, le principe de vie, c'est l'idée.

Sur quelle idée entend-on fonder le gouvernement de
la République française?

Vous, vous en avez une, vous avez un idéal social,
vous l'avez formulé non seulement d'une façon théorique, vous l'avez matérialisé devant nos yeux. Votre
idéal social est celui-ci : la réconciliation définitive des
deux éléments de la production, la réconciliation définitive du capital et du travail dans la répartition équitable des profits et des charges. Voilà votre idéal. C'est
celui-là même de la démocratie française; s'il y a du
socialisme dans ce que vous faites, eh bien! tant mieux!

*
* *

Certes! vous non plus, pas plus que nous — et j'ai eu
l'occasion de m'expliquer bien des fois à cet égard —
vous n'acceptez, pour votre compte, la théorie collectiviste. J'ai dit, et je répète, que je ne la croyais pas de
nature à résoudre les problèmes que ceux qui la défen-
dent croient pouvoir résoudre par elle. J'ai dit et je
répète que je ne reconnais pas l'État, puissance supérieure à nous, ayant le droit de nous imposer une certaine répartition arbitraire et des profits et des pertes.
J'ai dit, et je répète, que je considère que nous sommes
tous des associés, associés de fait par la loi naturelle
elle-même, et qu'il ne s'agit pas de remettre à une puissance abstraite et créée par nous, le droit de régler entre
nous les rapports de l'association, mais que c'est à nous

qu'il appartient, à nous, citoyens majeurs et libres, de
régler, avec notre raison et notre conscience, ces rapports nécessaires, conformes à la justice et au but de la
société.

J'ai dit aussi, et je répète que je considère qu'il ne
vaudrait pas la peine de vivre si la liberté de l'individu
n'était pas, dans toutes ses manifestations et dans tous
ses développements, absolument respectée et sacrée, que
l'homme n'est pas fait pour une société créée par quelques-uns, quel que soit leur esprit généreux, quelles que
soient l'élévation de leur pensée et la bonne volonté de
leurs cœurs ; que l'homme est fait pour vivre lui-même,
selon sa conscience et suivant sa volonté, dans la pleine
liberté de son être, de son activité et de son développement.

Il faut dire ces choses clairement, et je suis persuadé
que ceux dont nous combattons les doctrines recon-
naîtront que c'est notre devoir de dire ce que nous pensons. Le but peut être le même, nous croyons que les
chemins sont différents.

Ne sortons pas de nos chemins ; car, entre eux, il n'y a
que des fondrières.

Ce dont nous sommes, nous autres, profondément
reconnaissants aux Associations comme les vôtres, c'est
précisément que vous avez sauvé la liberté humaine en
légitimant la propriété individuelle. Cela n'a l'air de rien,
et c'est tout. Quand vous avez établi, grâce aux accords
volontaires et libres qui se sont formés entre vous, entre
le capital et le travail, et quand vous cherchez tous les
jours à mieux établir une répartition équitable des produits du travail, que faites-vous, sinon de donner précisément une base morale à la propriété individuelle, et de
justifier, c'est-à-dire de sauver ce que nous considérons
comme le prolongement même de la liberté humaine?

Oui, ce que vous faites, ce n'est pas de confondre la liberté, la propriété de chacun dans un grand tout où tout disparaît, c'est, au contraire, d'affirmer la liberté de l'individu, la liberté de sa propriété, mais à cette con-dition, qu'il l'ait acquise cette propriété, conformément à la morale et à la justice.

Et alors, ayant fait cela, vous êtes bien puissants et bien forts pour vous retourner contre les autres, contre ceux dont vous combattez les moyens et dont vous con-damnez le but. — Voilà ce qui vous distingue et vous assure une place spéciale dans la lutte sociale d'au-jourd'hui : ce que vous combattez, nous l'appellerons d'un mot : l'égoïsme.

*
* *

Oui! nous connaissons cette théorie des économistes : « Laissez faire, laissez passer. Il y a des lois économiques pour la production et la répartition des richesses, comme il y a des lois naturelles pour la circulation des germes, l'éclosion des fleurs et la maturité des fruits. Peu nous importe! Nous sommes les spectateurs de cette œuvre de la nature et nous n'avons qu'à laisser faire, qu'à laisser passer les lois naturelles! »

Et l'on se retourne vers nous et vers vous, et l'on nous dit comme à vous : « Vous n'avez ni science ni philo-sophie. Ces lois naturelles sont immuables; vous vous efforcez vainement, vous n'arriverez pas à en changer la rigueur. »

Nous répondrons à ceux-là : C'est votre science qui est vaine et c'est votre philosophie qui est incomplète. Oui! il y a des lois économiques naturelles, comme il y a des lois de la pesanteur; mais l'homme est-il donc un esclave qui accepte les lois de la pesanteur jusqu'à se laisser écraser par le poids? ou n'est-il pas une intelligence, une raison, une conscience, dont la vie tout entière a pour but de mettre ces lois naturelles, qui sont les lois de la matière, au service des lois supérieures dont il porte en lui-même la connaissance, les lois de la raison, les lois de la conscience et du cœur?

Ah! c'est que les faits économiques, dont on parlait tout à l'heure, qui semblaient échapper à notre prise, qui semblaient obéir à des lois immuables, — je répète le mot, il est de M. Léon Say, — sur lesquelles nous ne pouvons rien, ces faits économiques, ne sont qu'une partie du fait social. Oui! dans le fait social, il y a autre chose que le phénomène économique. Le fait social est compliqué de raison et de conscience; il n'est pas seulement régi par les lois matérielles de la distribution des richesses, de l'offre et de la demande; il implique toute la vie de l'homme, et l'homme est non seulement un être vivant, mais un être pensant et conscient. Et, si l'être vivant, pensant et conscient n'a pas les satisfactions de la vie, de la pensée et de la conscience, le but de la Société n'est pas atteint.

Il faut mettre les lois naturelles au service des lois morales; il faut faire pénétrer la justice où ne règne actuellement que la force. Il ne suffit pas de laisser les plus forts l'emporter toujours par l'accroissement naturel et du capital et de la puissance financière; il faut, au contraire, — et c'est le devoir de la Société, — faire en sorte que ces forces toutes-puissantes au premier abord, voient leur puissance se restreindre peu à peu par notre raison.

Si nous avions laissé les lois naturelles étreindre l'homme, croyez-vous que l'intelligence se serait développée, croyez-vous que la conscience ne serait pas morte, croyez-vous qu'il y aurait autre chose que la barbarie sur la surface de la terre? Qu'est-ce autre chose que l'histoire de l'humanité, sinon la lutte éternelle de la raison et de la conscience contre les lois naturelles qu'on prétend immuables et qu'on ne veut pas changer? Mettre la raison, qui découvre les lois, au service du sentiment moral et social, qui les tourne au profit et au bien de tous, c'est le but de la société humaine. Sinon, à quoi bon nous être associés, à quoi bon ne pas être purement et simplement épars dans les plaines et dans les bois, cherchant chacun notre nourriture au hasard de notre force physique et de la puissance de nos dents?

Non, depuis que le monde est monde, depuis qu'il y a des hommes qui ont dressé le front sous le ciel, s'est élevée cette pensée que cela ne pouvait pas durer et qu'il fallait faire à chacun sa part légitime dans la société de tous.

*
* *

Vous êtes descendus sur la scène, et vous y êtes entrés à la fois comme des combattants et comme des bienfaiteurs. Vous y êtes entrés avec toute la sérénité de la science et de la raison, et avec toute la générosité du cœur humain, du véritable cœur humain, celui qui est assez grand pour contenir l'humanité elle-même; vous y êtes entrés avec cette volonté, et, vous riant des uns, combattant les autres, vous avez, malgré tout, fait se dresser devant nous le drame définitif, le drame de la conscience triomphante. C'est celui qu'avec vous nous venons applaudir et auquel nous venons collaborer. Soyez persuadés que nous sommes avec vous. Soyez persuadés surtout que, toutes les fois que, dans une lutte politique, nous aurons à combattre le bon combat et que nous éprouverons le besoin de chercher quelque part autre chose

que des paroles, de chercher des réalités à donner comme
arguments, nous saurons les trouver parmi vous.

C'est cette lutte qu'il faut continuer, c'est cette lutte
qu'il ne faut jamais déserter. C'est un drame terrible et
dont les actes sont nombreux que le drame de l'humanité.
Je vous en disais tout à l'heure la loi mystérieuse et
secrète. Nous n'avons pas le droit d'en être simplement
les spectateurs. Non, nous ne pouvons pas arriver là
comme au théâtre et regarder l'œuvre d'auteurs inconnus
qui ont placé en face les uns des autres ces forts et ces
faibles, ces puissants et ces misérables, ces méchants et
ces bienfaisants. Non! nous ne pouvons pas rester dans
notre stalle à regarder, de l'autre côté de la rampe, sous
la lumière crue ou dans l'ombre sinistre, se mêler toutes
ces douleurs et tous ces plaisirs. Nous avons mieux à
faire, nous avons à descendre de notre stalle, à monter
sur la scène et à y mêler notre action à celle qui se passe
sous nos yeux.

Vous avez fait — et d'un mot je résume votre œuvre —
une chose merveilleuse. A ceux qui parlaient de l'isolement de l'individu, à ceux qui, d'autre part, parlaient de
la socialisation des biens, vous avez répondu : « Nous
socialiserons la personne humaine. » Vous vous êtes dit
que l'on pouvait, par l'action coopérative, par l'action
solidaire, faire pénétrer dans l'esprit, dans la conscience
de l'homme les vertus, grâce auxquelles la société se
transformerait conformément à la justice elle-même !
Vous l'avez fait, et vous avez par là non pas seulement
assuré le développement de votre œuvre, mais affirmé le
programme de la République définitive.

Je bois, en même temps qu'aux Associations ouvrières
de production de Paris et de France, à quelque chose
qui est contenu en elles : à l'avènement de la justice
sociale dans la réconciliation des classes!

II

LE ROLE DE LA COOPÉRATION [1]

Cher Monsieur,

Je me joins à ceux de vos amis qui vous ont demandé de publier votre rapport au Congrès de l'Alliance internationale sur le rôle social et les applications pratiques de la Coopération.

La puissance bienfaisante du principe coopératif, l'étendue et la portée de ses conséquences n'ont jamais été mises en lumière avec plus de force et de clarté.

Comme vous l'avez dit vous-même au banquet du Musée social : « ce n'est pas une simple formule que vous apportez, ce sont des faits et des résultats qu'il n'est plus permis de contester ni même d'amoindrir. »

J'ajoute que ce n'est pas une opinion personnelle que vous faites connaitre, mais l'opinion ou plutôt le témoignage vécu de « ces millions d'adhérents que la Coopération compte aujourd'hui dans toutes les parties du monde, de ces millions de familles qui profitent des bienfaits qu'elle procure ».

Votre petit livre largement répandu contribuera à dissiper l'ignorance, où sont encore malheureusement trop

(1) Préface au livre de M. Henry Buisson : *Le Rôle de la Coopération et son application pratique*, 30 avril 1897.

d'esprits des lois de la Coopération, de ses conditions de succès, des résultats déjà produits par elle et des transformations sociales qui en sortiront.

En ce qui touche surtout la Coopération de production, combien ai-je rencontré d'hommes instruits, même parmi ceux qui s'occupent des questions politiques et sociales, qui en sont restés au souvenir des insuccès de 1848, et répètent encore, en 1897, que les sociétés de production sont, par l'incompétence ou l'indiscipline des associés, vouées à l'impuissance et à la ruine ! Je souhaiterais qu'il vous fût possible de joindre à votre rapport une statistique sommaire montrant les résultats obtenus, en France notamment, par les Sociétés comme la vôtre, les travaux publics ou privés exécutés par elles dans des conditions si remarquables d'économie, d'exactitude et de perfection, les profits honnêtement réalisés et équitablement répartis entre tous les travailleurs associés.

Quelle leçon de choses serait mieux faite pour mettre, dans les querelles sociales passionnées de l'heure présente, un peu de sérieuse et consolante vérité !

Vous le dites justement : « La Coopération de production prend de plus en plus la forme d'une organisation sociale. »

Elle intéresse non seulement telle ou telle catégorie de salariés, mais l'ensemble des salariés, ou plutôt elle intéresse tout le monde, capitalistes aussi bien que travailleurs, puisque c'est la seule forme d'organisation des rapports du Capital et du travail où paraîtra, équitablement résolu, non pas en théorie, mais par l'expérience, le redoutable problème de la répartition des charges et des profits entre les divers éléments de la production économique.

J'ai écrit ailleurs que « le progrès des institutions publiques ou privées se mesure avec certitude, à la proportion dans laquelle les arrangements d'autorité y font place aux arrangements contractuels. »

C'est la loi de toutes les révolutions politiques des temps modernes. Chacune d'elles a eu pour but réel d'augmenter — sous le nom de libertés et de droits —la part, du consentement de chacun, des citoyens dans la gestion des affaires communes.

La révolution économique et sociale, qui s'accomplit insensiblement en ce moment, sous nos yeux, obéit à la même loi : elle ne sera pacifique et bienfaisante, elle ne donnera aux rapports des divers collaborateurs de la production universelle leur règlement équitable et définitif, que si elle substitue *aux règlements d'autorité* entre le Capital et le Travail non d'autres *règlements d'autorité*, mais *des règlements consentis* librement et volontairement acceptés par les uns et par les autres, parce qu'ils seront conformes, à la fois, aux nécessités de la pratique et aux règles de la justice : en d'autres termes, à la raison et à la conscience.

L'histoire des Sociétés coopératives nous montre que cet accord est possible, que les trois éléments, entre lesquels doivent se répartir les risques et les profits de la production, travail, talent et capital, peuvent s'associer au lieu de se combattre, que leur union peut s'étendre aux industries les plus diverses, qu'elle peut donner à l'entreprise des bénéfices larges et certains et qu'elle assure la répartition des profits entre les divers intéressés, dans une mesure telle que chacun d'eux y gagne en même temps en prospérité matérielle et en dignité morale.

Il y a bien longtemps que les hommes emploient, sans en connaitre le sens profond, ce mot courant : la *société humaine*. Il n'y aura vraiment de *société humaine* que lorsque les êtres y seront vraiment égaux et libres, c'est-à-dire lorsque tous seront vraiment des associés solidaires, consentant librement aux charges communes, parce qu'ils les considéreront comme équitablement réparties entre eux.

C'est vers cette solidarité volontaire que marche l'humanité ; c'est elle que, dans le domaine des œuvres économiques, la Coopération réalise déjà pour ceux qui savent la comprendre et la pratiquer.

Je souhaite que votre petit livre soit propagé à des milliers d'exemplaires, lu par des milliers de patrons et d'ouvriers. Il leur enseignera, mieux que les plus éloquents discours, comment on peut vaincre les deux ennemis de l'humanité : l'égoïsme et la violence, et comment, du douloureux chaos de la lutte brutale pour l'existence, où se débat encore l'énergie humaine, l'esprit d'association peut faire sortir son état supérieur de prospérité de justice et de paix.

La Mutualité.

I

LA MUTUALITÉ ET LA LIBERTÉ [1]

Mesdames, Messieurs,

J'ai répondu avec le plus grand empressement à l'appel que M. le Président de la Ligue nationale de la Prévoyance et de la Mutualité a fait au Président de la Commission d'Assurance et de Prévoyance sociales ; je me suis réjoui de venir causer avec vous des intérêts qui nous sont communs, des idées qui nous sont communes, et vous donner la preuve de la grande utilité qu'a eue la démarche faite, auprès du Parlement, par le Comité technique de votre Ligue. Je suis heureux de pouvoir vous entretenir aujourd'hui du projet de loi que nous élaborons, et j'ai la certitude que, de cet entretien, sortiront de bons résultats pour notre œuvre.

Tout à l'heure, votre dévoué et éloquent secrétaire général vous disait, et votre président répétait après lui, qu'il était résulté de cette conversation un accord à peu près complet. Je crois bien en effet que, s'il reste quelques différences entre la formule du Comité technique de la

[1] Discours prononcé à la 5me assemblée générale de la Ligue nationale de la Prévoyance et de la Mutualité, 4 juin 1894.

Ligue et le texte que nous proposerons à la discussion de la Chambre, ces différences ne porteront que sur des détails d'application ; nous avons pensé que certaines prescriptions qui sont bonnes en elles-mêmes et résultent de l'étude technique et scientifique extrêmement profonde des conditions de la mutualité faite par votre Comité technique, sont peut-être d'une nature un peu trop délicate et trop minutieuse, pour entrer dans le texte d'un projet de loi. En d'autres termes, nous avons pensé qu'il était préférable de laisser au domaine de la réglementation et du décret un certain nombre de questions que vous avez résolues au point de vue technique ; il nous a paru préférable de ne pas immobiliser dans la loi, qui forme un cadre durable et difficile à retoucher, toutes les règles de détail d'un grande institution comme la nôtre, alors surtout que la mutualité, grâce au régime de liberté nouveau sous lequel nous allons la placer, prendra bientôt, nous l'espérons, dans notre pays, un développement considérable, et que ces conditions nouvelles d'existence, plus larges, plus puissantes et plus fécondes, appelleront nécessairement, dans un temps très court, des modifications nouvelles, pour lesquelles il faut laisser au pouvoir réglementaire une suffisante liberté.

Voilà la seule partie des propositions du Comité de la Ligue qui n'ait pas passé dans les délibérations de la commission de la Chambre ; mais sur tous les principes, sur toutes les règles fondamentales du régime de la mutualité, nous sommes absolument d'accord avec vous. J'espère que cet accord entre ce que j'appellerai la nation mutualiste, que vous représentez, et les représentants de la nation politique, permettra d'arriver à un vote définitif et prochain, aussi prochain que notre cher ministre nous le souhaitait tout à l'heure.

ciation des sociétés de secours mutuels avec toute la largeur et tout le libéralisme possible ; faire en sorte que toute société qui a véritablement pour objet la Mutualité, soit libre de se former et de se développer, d'ester en justice, d'avoir son budget, de recevoir des dons et legs mobiliers, soit libre même, au besoin, de recevoir des dons immobiliers pour l'établissement de ses services. A partir de ce moment, quel que soit le nombre des mutualistes et quelle que soit leur puissance, ils ne peuvent plus être inquiétés : la loi les protège et les garantit.

C'est donc la liberté d'association, qui n'existe pas encore d'une façon complète en France ; et qui est reconnue et proclamée par le présent projet de loi pour la plus utile, pour la plus nécessaire, pour la première de toutes les associations dans notre pays : l'association de mutualité.

En même temps, nous avons voulu que l'objet que se proposaient les sociétés de secours mutuels fût nettement reconnu dans leurs statuts et que seules les véritables sociétés de secours mutuels pussent bénéficier de ce régime de liberté.

Nous avons répondu aux inquiétudes qui pourraient exister dans certains esprits et nous avons tâché de définir — d'accord avec vous, d'ailleurs — les objets que peut se proposer une société de secours mutuels. Nous avons écarté, par une formule précise, des sociétés qui n'ont pas, à nos yeux, le caractère véritable de la Mutualité. Nous avons écarté celles qui créent, au profit de quelques-uns de leurs membres, certains privilèges et certaines inégalités, dans l'intérieur même de la société, et qui préparent par conséquent, dans un avenir prochain, des déceptions cruelles à leurs adhérents.

Là où est la Mutualité, là est la liberté ; pour le reste, nous réservons l'avenir. Non seulement nous donnons la

12

ciation des sociétés de secours mutuels avec toute la largeur et tout le libéralisme possible ; faire en sorte que toute société qui a véritablement pour objet la Mutualité, soit libre de se former et de se développer, d'ester en justice, d'avoir son budget, de recevoir des dons et legs mobiliers, soit libre même, au besoin, de recevoir des dons immobiliers pour l'établissement de ses services. A partir de ce moment, quel que soit le nombre des mutualistes et quelle que soit leur puissance, ils ne peuvent plus être inquiétés : la loi les protège et les garantit.

C'est donc la liberté d'association, qui n'existe pas encore d'une façon complète en France ; et qui est reconnue et proclamée par le présent projet de loi pour la plus utile, pour la plus nécessaire, pour la première de toutes les associations dans notre pays : l'association de mutualité.

En même temps, nous avons voulu que l'objet que se proposaient les sociétés de secours mutuels fût nettement reconnu dans leurs statuts et que seules les véritables sociétés de secours mutuels pussent bénéficier de ce régime de liberté.

Nous avons répondu aux inquiétudes qui pourraient exister dans certains esprits et nous avons tâché de définir — d'accord avec vous, d'ailleurs — les objets que peut se proposer une société de secours mutuels. Nous avons écarté, par une formule précise, des sociétés qui n'ont pas, à nos yeux, le caractère véritable de la Mutualité. Nous avons écarté celles qui créent, au profit de quelques-uns de leurs membres, certains privilèges et certaines inégalités, dans l'intérieur même de la société, et qui préparent par conséquent, dans un avenir prochain, des déceptions cruelles à leurs adhérents.

Là où est la Mutualité, là est la liberté ; pour le reste, nous réservons l'avenir. Non seulement nous donnons la liberté aux sociétés isolées, mais encore nous leur accordons le droit de s'associer entre elles, et nous acceptons parfaitement des unions de sociétés de secours mutuels. Nous faisons plus : nous les souhaitons et nous désirons ardemment voir, sur toute la surface du pays, un immense réseau de mutualités nouvelles; si bien que l'on puisse dire que, de même que tous les citoyens de ce pays sont liés les uns aux autres par les liens de la loi et des devoirs patriotiques, ils se sentent indestructiblement liés par un lien supérieur, à tous : celui de la fraternité sociale.

Nous ne demandons qu'une chose : c'est que ces sociétés aient bien pour objet la Mutualité, entendue dans son sens le plus général. Dans cette formule nous comprenons : l'assurance contre la maladie, secours qui passe avant tout ; l'assurance contre le décès prématuré ; l'assurance retraite, qui nous apparait comme le but dernier et non le moins utile de vos sociétés.

Nous y avons introduit aussi le droit d'avoir des pharmacies, dans les conditions réglées par les lois spéciales, et d'organiser des services de placement gratuit. En un mot, nous reconnaissons et nous garantissons tout ce que la Mutualité peut se proposer pour objet.

Nous avons voulu que la liberté la plus grande existât à la base des institutions mutuelles. A la condition de donner une publicité suffisante à ses statuts, toute société qui rentre dans les conditions que j'ai déterminées, prend droit à la protection de la loi.

*\
* *

Il en est cependant qui nous ont paru mériter un intérêt plus particulier. Nous n'avons pas fait disparaître l'ancienne distinction entre les sociétés « autorisées » et les sociétés « approuvées ». Nous y substituons les qualifica-

tions, mieux adaptées à la vérité des faits, de sociétés
« libres » et de sociétés « approuvées ». Toute société de
secours mutuels peut se créer librement dans les conditions que j'ai indiquées; mais, si une société réunit
certaines conditions déterminées, elle peut s'élever à une
vie légale supérieure, c'est-à-dire à la situation de société
« approuvée ». Cela veut dire que l'État créera en sa
faveur certains avantages spéciaux, qu'il lui consentira
des sacrifices, qu'il lui reconnaîtra des droits particuliers.

Pour avoir droit à ce titre supérieur de société « approuvée », avec les avantages légaux qui y seront attachés, il
suffira que les sociétés puissent prouver, par leurs statuts
et par leurs inventaires périodiques, qu'elles sont en état
de faire face à leurs engagements. Nous leur demandons
uniquement d'établir qu'elles n'ont rien promis qu'elles
ne puissent tenir et que, quel que soit le service qu'elles
se sont proposé d'assurer, elles sont en état d'y pourvoir
avec leurs ressources existantes. Nous ne leur demandons,
en somme, que ce que l'on demande à tout bon commerçant : il faut qu'elles puissent faire honneur à leurs
affaires.

Les droits, les privilèges des sociétés approuvées, sont
donc subordonnés à une condition purement morale : il
suffit, pour les obtenir, d'être d'honnêtes gens et des
honnêtes gens sûrs de leur honnêteté. On a toujours le
désir d'être « d'honnêtes gens »; mais ce désir ne suffit
pas. Combien n'avons-nous pas vu de braves gens qui,
avec l'honorabilité la plus grande, ont entrepris un commerce, ouvert un magasin, fondé une usine, parfaitement
résolus à ne faire jamais tort à leur prochain ; qui, de la
meilleure foi du monde, ont travaillé du matin au soir
pour faire honneur à leurs affaires et qui, par inhabileté,
par imprévoyance, n'en sont pas moins arrivés, après un
certain temps, à faire de mauvaises affaires, et sont tombés

en liquidation ou en faillite, perdant ainsi non seulement leur fortune, mais en même une partie de la fortune de ceux qui avaient mis en eux leur confiance et perdant, par là même, tout ou partie de leur propre honneur?

C'est cette imprévoyance, ce sont ces erreurs de gestion, qui peuvent aller avec les meilleures intentions du monde, que les sociétés de secours mutuels ont, plus que personne, le devoir d'éviter, car elles sont, elles doivent être des écoles de prévoyance.

Une société de secours mutuels qui ne peut servir ses engagements, qui est ainsi condamnée à une sorte de faillite, fait tort non seulement à elle-même et à ses membres, mais encore à la grande cause de la mutualité. C'est le drapeau du régiment : tous les soldats le suivent avec enthousiasme tant qu'il marche en avant, dressé vers le ciel ; mais c'est le découragement, c'est la déroute quand ils le voient tomber des mains qui le portaient.

Il ne faut pas qu'il en soit ainsi ; nous voulons que nos sociétés soient établies dans des conditions de méthode scientifique qui leur donnent toujours la certitude de faire face à leurs engagements. Dès qu'elles nous auront montré par la production de leurs statuts et par certaines vérifications, qu'elles sont dans les conditions d'un commerçant dont le bilan est bien équilibré, nous leur donnerons *l'approbation* avec les avantages légaux qu'elle comporte.

Cette condition est, nous l'avons dit, toute morale ; nous n'avons pas voulu en imposer d'autre et nous avons pris la précaution de dire que l'approbation ne pourra pas être refusée aux sociétés qui la demanderont, à moins que leurs statuts ne contiennent des violations de la loi ou que l'examen de leurs comptes ne montre qu'elles ne peuvent pas satisfaire à leurs engagements.

Sans entrer dans l'examen détaillé des avantages accordés sous cette condition aux sociétés approuvées, je puis cependant, par une énumération rapide, vous montrer quel compte nous avons tenu de vos indications. Nous donnons aux sociétés approuvées le droit de recevoir des dons et legs immobiliers, elles ne seront pas légalement obligées de vendre les immeubles reçus ainsi, elles pourront les garder en nature si le Conseil d'Etat, leur tuteur naturel, les y autorise. Les communes sont tenues de leur fournir des locaux pour leurs réunions. Les communes et les départements doivent leur procurer les registres et imprimés nécessaires. Elles ont droit à la remise des deux tiers des taxes municipales sur les convois, à la dispense du droit de timbre et d'enregistrement pour les actes de sociétés et du timbre des quittances pour les arrérages de toutes les pensions au-dessous de 360 francs. Elles peuvent acquérir des immeubles pour leurs services.

Enfin, elles ont, bien entendu, droit aux subventions de l'Etat. Ces subventions vont devenir plus considérables que les années précédentes. M. Burdeau avait inscrit au projet de budget une somme de 1.500.000 francs. J'étais bien sûr, en voyant arriver M. Lourties au ministère, que cette somme ne serait pas contestée, et M. le Ministre des Finances m'en a, en effet, donné, il y a deux ou trois jours, la formelle assurance.

Comment distribuerons-nous cette subvention ? Je voudrais bien ne pas m'expliquer en ce moment sur cette question, et voici pourquoi : vous savez que le projet du ministre des Finances indiquait un certain mode de répartition des 1.500.000 francs. La commission n'était pas tombée d'accord avec M. Burdeau sur ce mode de répartition ; il est donc nécessaire que nous ayons avec son successeur un entretien à ce sujet. Je dirai seulement que la Commission de prévoyance a pensé qu'elle

devait hâter autant que possible le vote de la loi et que, si
l'accord ne se faisait pas entre elle et le gouvernement
sur la question de répartition, elle pourrait réserver le
point litigieux en insérant dans la loi un article disant
que ces 1.500.000 francs serviraient à la majoration des
pensions de retraites au-dessous d'un certain chiffre, suivant les bases d'un barème qui serait déterminé par le
Conseil supérieur de la Mutualité. Si nous nous en tenons
à cette formule, nous établirons nettement le principe
nécessaire, et nous couperons court à des discussions
difficiles et peu faites pour le débat à la tribune et nous
obtiendrons, sans tarder davantage, le vote de la loi.
Nous aurons d'ailleurs la certitude que le mode de distribution sera ensuite étudié d'une façon conforme aux
intérêts de la mutualité, par le Conseil supérieur dont la
composition offre toutes les garanties de compétence et
d'impartialité. Ce sont là des matières tellement délicates
qu'elles échappent véritablement à une discussion à la
tribune et qu'elles gagnent à être examinées, la plume à
la main, dans le cabinet.

*
* *

Messieurs, il ne m'est pas possible, dans une conversation nécessairement rapide comme celle-ci, de passer
en revue toutes les dispositions de notre loi, et vous me
permettrez de ne toucher qu'aux points les plus importants, où se trouve impliquée quelque question de principe. Il en est un dont je voudrais dire un mot, parce
que si nous ne l'inscrivons pas dans le texte du projet de
loi, le rapport de la Commission en portera du moins la
trace : c'est la question du fonds commun et du livret
individuel.

Je suis tout à fait de l'avis de votre président et je crois que la commission est à peu près unanimement de son avis et du vôtre. Nous pensons qu'il ne faut pas toucher au fonds commun, car nous savons qu'il existe dans l'esprit des mutualistes français une confiance particulière dans cette réserve considérée par eux comme le trésor de la mutualité. Les mutualistes savent qu'ils sont quinze cent mille en France et qu'il y a là 190 millions de capitaux accumulés et ils se disent : cette somme, c'est le fruit de tous les efforts du passé, et c'est la garantie de l'avenir, c'est la base indestructible, inébranlable, sur laquelle repose tout l'édifice de la mutualité.

Messieurs, il ne faut pas toucher au fonds commun existant, tel que le passé nous l'a légué, parce qu'on détruirait en partie la confiance des mutualistes dans la mutualité. Mais on peut bien reconnaître que l'accroissement indéfini du fonds commun n'est peut-être pas le système le meilleur et l'on peut recommander, pour l'avenir, de procéder autrement. Au lieu de grossir toujours ce fonds commun par des apports partiellement infertiles et qui parfois exagèrent l'idée de la prévoyance jusqu'à la rendre moins féconde, il nous semble qu'il y aurait de nombreux avantages, matériels et moraux, au développement du système des retraites par la voie du livret individuel. Le livret individuel met entre les mains du prévoyant le titre même de sa créance ; il en peut suivre, périodiquement, l'accroissement, la progression encourageante ; il a nécessairement sous les yeux le résultat, le prix de son effort de prévoyance, et il est, par là même, soutenu, encouragé à persévérer. Enfin, le livret ne le quitte point et, s'il change de résidence, il peut l'emporter avec lui, pour continuer, ailleurs, par des moyens divers, l'œuvre de sa prévoyance.

Il nous paraît donc sage de recommander pour l'avenir le système de versements au livret individuel et

comme la meilleure manière de recommander un système, c'est de lui accorder certaines faveurs, nous indi-
querons dans la loi que des avantages déterminés seront
attachés aux retraites constituées par le livret individuel.

Voilà comment, sans porter aucune atteinte à la
liberté des mutualistes, nous aurons donné une indica-
tion que nous croyons utile et l'aurons marquée dans
la loi nouvelle, de la façon qui nous semble la plus sûre
et la meilleure.

* *

Il est un dernier point qui a beaucoup préoccupé les
esprits, c'est celui de savoir si le système, quel qu'il soit,
qui sera adopté pour la distribution des subventions de
l'Etat aux sociétés de secours mutuels, en matière de
retraites, sera ensuite adopté lors de la constitution de
cette Caisse nationale des retraites ouvrières dont l'organisation, dans l'avenir le plus prochain, nous paraît à
tous nécessaire.

Deux systèmes ont été soutenus à cet égard et, dans
les comptes rendus des différentes réunions de mutualistes, j'ai remarqué que ces deux idées entraient fréquemment en conflit. Les uns voudraient que les
retraites par les Sociétés de secours mutuels fussent le
germe nécessaire de la grande organisation des retraites
ouvrières ; les autres voudraient au contraire que les
deux systèmes fussent complètement distincts ; que le
système des retraites ouvrières fût établi tout entier sur
une base et par des procédés différents, avec l'intervention, dans le contrat d'assurance, d'un tiers, qui est le
patron, et qui n'intervient naturellement en rien dans les
retraites constituées par les Sociétés de secours mutuels.
Je me borne à vous dire que nous voulons, avant tout,

ne pas retarder la solution de la question des retraites des sociétés de secours mutuels, en la suspendant, pour attendre une décision préalable sur le système général des retraites ouvrières. Cette dernière question est tellement grave, elle soulève tant de problèmes d'ordre économique, budgétaire et social, que l'étude est loin d'en être terminée.

Nous ne subordonnerons donc pas l'une à l'autre, nous nous bornerons à résoudre d'abord celle qui peut être d'abord résolue. Si, plus tard, les règles reconnues bonnes pour les retraites des Sociétés de secours mutuels apparaissent comme pouvant être étendues et élargies et comme pouvant devenir la base des retraites générales il en résultera que l'expérience particulière aura préparé l'expérience générale.

* *

Voilà, Messieurs, d'une façon très sommaire, les lignes générales du projet que nous avons proposé. J'espère que ce rapide exposé, forcément incomplet, vous permettra de reconnaître que j'avais, en commençant, raison de constater notre accord.

Dans son travail, notre commission a été puissamment soutenue par le sentiment de cet accord. Dans ces études, souvent difficiles, nous avons trouvé à chaque pas et avec un grand profit la trace de vos travaux particuliers.

Il nous a été précieux de voir travailler avec nous, d'une façon désintéressée, les hommes dont la mutualité est la principale préoccupation et qui sont rompus à toutes ses difficultés et à toutes ses expériences. C'est vous qui nous avez éclairé et soutenu et, par conséquent, mon cher Ministre, au lieu de remercier les membres de la commission de prévoyance, d'être venus à la réunion de la Ligue de la mutualité, permettez aux membres de la commission de remercier la Ligue de la mutualité de sa collaboration et de son concours.

Messieurs, je crois qu'une image fort simple résume ce que nous voulons faire, les uns et les autres, en matière de mutualité.

La mutualité est une plante spontanée : son germe est dans l'effort libre de prévoyance individuelle. Il faut qu'elle naisse librement, qu'elle choisisse elle-même le coin de terre où elle se développera. Il faut qu'elle y grandisse en liberté, suivant les lois normales de la vie. Aucune main étrangère ne doit lui imposer son pli, sa direction, une règle artificielle de croissance : la science seule, révélatrice des lois nouvelles, peut lui être un guide, un tuteur volontairement accepté.

Mais c'est une plante bienfaisante, et la terre de la patrie, où elle veut croître, doit lui être généreuse et apporter abondamment, incessamment à ses racines les sucs fortifiants de ses richesses.

C'est ainsi qu'elle grandira sous le ciel, dans l'atmosphère d'où nous nous efforcerons d'écarter les orages, dans la paix et dans la lumière, et il nous semble que plus tard, quand la jeune plante sera devenue un grand arbre, un arbre immense, dont les rameaux s'étendront sur toute notre France, Messieurs, nous croyons qu'à son ombre, il fera bon vivre dans l'avenir.

LA MUTUALITÉ : SES RÉSULTATS,
SES ESPÉRANCES (¹)

Messieurs,

C'est avec une joie profonde que je suis venu m'asseoir aujourd'hui à la table de l'Union des Sociétés mutuelles de France. Oui, je l'appelle ainsi d'un seul mot, ne distinguant pas les unes des autres les diverses *Unions* particulières, plus ou moins étendues, que représentent ici tels ou tels de nos amis. J'entends par là aussi bien les *Unions* particulières que la grande *Union nationale* que préside M. le sénateur Prevet dont vous applaudissiez tout à l'heure les très éloquentes paroles, et j'y comprends aussi bien le *Musée Social*, que préside Siegfried et que dirige Mabilleau et qui est, pour ainsi dire, le cabinet de consultations scientifiques de la Mutualité nationale.

Oui, j'ai été heureux d'être convié à cette table. J'aperçois clairement la haute signification de votre groupement, et je voudrais, si vous le permettez, rechercher avec vous, en quelques mots, l'enseignement qui s'en dégage et les résultats prochains qui ne manqueront pas d'en être recueillis.

---

(1) Discours prononcé au banquet offert à M. L. Mabilleau, le 20 décembre 1901.

*
* *

Vous voici, de tous les points de la France, réunis ici autour des principaux représentants de l'idée mutualiste, autour de Siegfried, de Prevet, de Mabilleau, de Cheysson, de Cavé, — de tant d'autres que je voudrais nommer, — et particulièrement autour de celui-ci, Barberet, que je ne puis oublier, car il a été l'ouvrier de toutes les heures ; il a lutté, depuis des années, dans le cabinet du ministère de l'Intérieur, où son service était, au début, considéré comme un service un peu accessoire, contre mille difficultés, mille préventions, mille préjugés ; il a triomphé de tous les obstacles, ne demandant pas grand'chose, et n'obtenant pas toujours ce qu'il demandait... On a dépensé, me disait-il, dix-sept millions pour la mutualité : il a bien eu raison de dire que ce chiffre n'est rien, en proportion des résultats de l'œuvre immense dont il a été le bon ouvrier !

Vous voilà réunis autour de vos initiateurs et de vos chefs ; vous êtes venus leur dire, au nom de la France prévoyante, la gratitude de tous ceux qui espèrent et préparent un avenir meilleur. C'est bien, ce soir, ainsi que l'écrivait tout à l'heure M. le Président de la Chambre des députés, la fête de la Mutualité. Dans cette lettre, trop aimable, dont je prie notre ami M. Charrier de le remercier en mon nom personnel et en votre nom à tous, et qui nous fait regretter qu'il ne soit point ici pour célébrer mieux encore cette fête, le Président de la Chambre nous dit que nous pourrons la célébrer dignement. Pour qu'il en soit ainsi, je crois qu'il faut qu'elle ait ce double caractère, d'être à la fois la fête de nos résultats et la fête de nos espérances ; il faut que nous n'hésitions pas à y proclamer que, si les résultats acquis sont admirables, ils ne

sont rien encore auprès de ceux que nous voulons, que
nous saurons obtenir.

Vous savez bien, Messieurs, qu'en parlant ainsi, je ne
diminue pas les mérites de votre œuvre, j'en indique au
contraire toute la grandeur. En montrant que le chemin
parcouru, quelque long, quelque pénible qu'il ait été
jusqu'ici, n'est rien à côté de celui qui s'ouvre encore,
que veux-je dire sinon que la pensée qui vous a mis en
route est plus vaste qu'on ne l'avait d'abord supposée,
que vous portez en vous la volonté de bienfaits plus
grands que ceux qui déjà vous sont dus, que votre espoir
va jusqu'à l'organisation de la Société humaine tout
entière par la mutualité, c'est-à-dire par la fraternité et
par la solidarité des hommes ? Oui, voilà ce que vous
portez vraiment en vous, et quelque considérables que
soient les chiffres dont M. Barberet se félicitait bien justement tout à l'heure, ils ne doivent être regardés que
comme les éléments d'une courbe dont notre volonté doit
sans cesse accroître, accélérer le développement bienfaisant.

Ces chiffres, Messieurs, j'en demandais il y a un instant
le détail à M. Barberet. Merveilleusement informé comme
il est de tous les progrès de la mutualité, il a pu me donner ce qu'on appelle dans le journalisme, la cote de la
dernière heure.

Cette cote, la voici : il y a aujourd'hui 15.000 Sociétés de secours mutuels proprement dites comprenant
2.600.000 membres; il y a, en outre, 500.000 membres de
Sociétés de retraites, parmi lesquelles nous comptons des
Sociétés très importantes, comme l'Association fraternelle
des employés et ouvriers des chemins de fer français,
dont nous sommes heureux de saluer ici le président
dévoué, M. Le Bouder.

Il y a enfin les 600.000 enfants des mutualités scolaires, ceux qu'on appelle familièrement les 600.000 *petits Cavé*; au total, on peut donc compter 3.500.000 inscrits dans les cadres de la prévoyance mutualiste française.

Le capital de la mutualité — toujours suivant la dernière cote — est de 320 millions ; les cotisations s'élèvent aujourd'hui à 42 millions par an ; 92.000 pensions étaient servies au 31 décembre 1900, et Barberet, qui est un bon juge, me déclare qu'au 31 décembre 1901 on atteindra le chiffre de 100.000. Enfin, ces 92.000 pensions représentent 8 millions d'arrérages, c'est-à-dire 80 francs par pensionné, ce qui est un chiffre déjà important et ce qui détruit la légende de l'infime faiblesse du taux des pensions servies par les Sociétés de secours mutuels.

Ajoutons encore que les dons et legs s'élèvent aujourd'hui à 4 ou 5 millions par an, et qu'enfin l'année qui vient de s'écouler n'aura pas donné lieu à la création de moins de 1.200 sociétés nouvelles.

Messieurs, je suis très reconnaissant à M. Barberet de m'avoir communiqué ce soir et de m'avoir permis de vous donner tous ces chiffres ; je crois qu'il est nécessaire qu'ils soient connus et publiés. On ne sait pas encore assez dans une grande partie du public quelle est la puissance réelle de la mutualité française. Il faut que ces chiffres soient répétés par les cent voix de la bonne renommée.

* *

Et cependant, moi, qui viens de les proclamer, je suis bien obligé de dire, si nous regardons, d'une part, tout ce qui reste à accomplir dans notre pays, si nous regardons, d'autre part, les chiffres que certains pays rivaux mettent en regard des nôtres, je suis bien obligé de dire que nous ne devons point nous reposer un instant, mais au contraire nous ceindre les reins et nous résoudre à un effort encore plus grand dans l'avenir. Quand je pense qu'en Allemagne il y a non pas seulement 3.500.000 personnes engagées, et d'une façon incomplète, partielle, vous le savez bien, dans les liens de la mutualité, mais bien 18 millions de personnes engagées dans la voie de l'assurance complète, quand je songe qu'en Angleterre il y a 11 millions et demi de membres inscrits dans les « Friendly societies » payant leur cotisation et recevant les allocations correspondantes, quand je songe qu'en Amérique une seule des sociétés de secours mutuels américaines, et non pas la plus considérable, a, à elle seule, un capital égal à ces 320 millions que j'ai indiqués comme étant le chiffre de notre mutualité tout entière, je suis bien obligé de dire que nous avons beaucoup à faire pour atteindre le niveau des autres nations.

Je sais que, si nous sommes en retard sur certaines grandes nations, ce n'est pas parce que nous avons travaillé moins bien, c'est parce que nous avons été obligés de partir beaucoup plus tard. Je n'oublie pas que nous n'avons pas 200 ans de liberté comme l'Angleterre, plus d'un siècle comme les États-Unis; que, sous l'Empire, les Sociétés mutuelles étaient tenues dans la plus étroite tutelle; que, si la République leur a rendu l'indépendance de fait, la véritable charte d'où date leur pleine liberté n'a pu être définitivement promulguée qu'en 1898. N'est-ce pas déjà beaucoup que d'avoir, en si peu d'années, atteint d'aussi remarquables résultats?

Donc, rien dans le passé qui puisse nous décourager. Tout est bien fait, au contraire, pour nous pousser en avant.

Ayons confiance, et par une propagande incessante, par des réunions, des conférences, un véritable apostolat comme celui qui a conduit Mabilleau sur cent points divers de la France, nous multiplierons rapidement les chiffres que vous connaissez.

Surtout n'hésitons pas à donner à cette propagande le caractère d'un véritable enseignement social. Il faut donner à tous, aux mutualistes eux-mêmes, qui souvent l'ignorent, la notion supérieure, vraiment large et vraiment féconde, de l'idée de mutualité; il faut l'étendre jusqu'à ses limites véritables qui sont celles mêmes du bien social. La vertu de la mutualité ne tient pas tout entière dans les limites d'action, forcément restreintes, de nos Sociétés de secours mutuels. C'est un instrument très puissant qui peut substituer peu à peu aux effets brutaux de la concurrence vitale, les effets bienfaisants de l'association pour l'existence. Concevoir ainsi la mutualité comme l'un des moyens les plus efficaces de transformation, par la justice et dans la paix, de l'ensemble des relations sociales, ce sera faire la véritable éducation de l'esprit mutualiste, ce sera donner à l'œuvre mutualiste sa portée définitive.

★
★ ★

C'est, bien entendu, le nombre même de nos sociétés et de leurs membres qu'il faut d'abord s'efforcer d'accroître. Ce que j'ai appelé la vertu de la mutualité, sa puissance bienfaisante, s'élève en effet non pas seulement en raison proportionnelle, mais en raison progressive du nombre de ses adhérents. N'oublions pas que, sur 11 millions de travailleurs manuels, nous ne comptons guère, encore, que 500.000 mutualistes, et surtout que dans l'ensemble des travailleurs agricoles il y a à peine 30.000 membres inscrits à nos Sociétés. Je sais combien il est plus difficile de constituer une société mutuelle dans un village que dans une ville. La loi du nombre, dont je parlais à l'instant, exige des groupements assez nombreux pour que l'échange mutuel des risques et des avantages produise un effet appréciable. Il faut tourner cette difficulté, en groupant, au besoin, plusieurs communes, en organisant des mutualités de cantons, en faisant, comme le disait M. Cheysson, de ces atomes trop petits des molécules ayant en elles assez de substance pour pouvoir vivre et se développer. En tout cas, il y faut agir sans se lasser. Tant que le peuple de nos campagnes n'aura pas pris le chemin des mutualités, on ne pourra pas considérer la cause comme définitivement gagnée dans notre pays.

Pour cette extension nécessaire de notre action, sachons frapper à toutes les portes. Apprenons à ceux qui croient n'avoir jamais besoin de l'aide mutuelle, leur devoir social à ce sujet. Montrons-leur comment, dans d'autres pays, chacun s'ingénie à étendre les cadres mutualistes. Citons-leur cet exemple de la Belgique, où certaines municipalités ont décidé qu'à chaque citoyen venant s'adresser à la mairie pour accomplir un des actes de la vie civile, un livret de prévoyance serait remis, avec le versement effectué d'une année de cotisation. Apprenons aux riches qui l'ignorent et dont nous voyons les donations et les legs aller presque toujours à l'assistance, que la mutualité leur offre un emploi plus efficace, plus fécond de leurs libéralités, qu'il est beau d'assister les malheureux, c'est-à-dire de les relever, ou de tenter de les relever après leur chute, mais qu'il serait meilleur pour eux et d'une utilité bien plus grande pour la société tout entière d'avoir, par la prévoyance, empêché leur chute, d'avoir empêché ces malheureux de devenir des malheureux.

*
* *

Mais il ne suffirait pas de développer le nombre de nos Sociétés et celui de nos sociétaires si nous ne déve-

loppions en même temps les services mêmes de nos
Sociétés. Le secours de maladie ne doit pas être, comme
le pensent encore beaucoup de nos camarades, le seul
objet possible des Sociétés mutuelles. J'ai présidé des
assemblées où des mutualistes se refusaient à créer des
services de retraites, disant qu'ils ne voulaient pas ris-
quer de réduire les secours sur lesquels ils comptaient
en cas de maladie. Vous avez comme moi, Messieurs,
connu ces résistances, et comme moi vous en avez triomphé en combattant cette sorte d'égoïsme collectif, en
montrant ce qu'il y avait de plus noble, de plus fécond
dans la conception que nous avons de la vertu mutuelle.
Dans notre généreux pays de France, celui qui parle
ainsi finit toujours par être entendu. J'ai le souvenir des
votes obtenus, des cotisations supplémentaires pour la
retraite acceptées d'enthousiasme : ces braves gens avaient
fait le geste bien connu du soldat qui, se croyant au bout
de la journée de marche, apprend qu'il y a encore une
étape complémentaire et qui remonte son sac d'un mouvement vif de l'épaule, et repart en disant : Allons, encore
un effort, c'est pour le bien de mon pays !

Le secours de maladie, tel qu'il est donné, est bien
incomplet, nous le savons tous. Autour de lui, que d'organisations complémentaires seraient désirables, nécessaires! Il faudrait des dispensaires, des sanatoria ; il
faudrait, par la fédération des mutualités, l'organisation
de défense contre les maladies épidémiques, si redoutables pour un pays où, comme dans le nôtre, la natalité
balance à peine la mortalité, si redoutables d'ailleurs
pour les Sociétés mutuelles elles-mêmes dont elles
grèvent lourdement les modestes budgets. Organiser
cette défense, n'est-ce pas faire le calcul fort simple qui
est la raison d'être de toute mutualité? N'est-ce pas diminuer le nombre des sociétaires malades qui peuvent

tomber à notre charge? N'est-ce pas faire, ce qu'est tout acte de prévoyance mutuelle, à la fois une bonne action et une bonne affaire?

Il en est de même pour la Retraite. Sous quelle forme restreinte, avec quelle hésitation et quelle timidité nous la tentons encore aujourd'hui! L'esprit de prévoyance s'instruit et se transforme chaque jour et nous montre les formes les plus diverses d'assurances qui pourraient s'ajouter, se substituer à la forme ordinaire de la Retraite. Que de combinaisons peut offrir l'assurance sur la vie! Et ne devons-nous pas reconnaître qu'au point de vue moral, celui-là fait un acte de prévoyance supérieure, en tout cas moins égoïste, qui songe non pas seulement à s'assurer une pension pour ses vieux jours, mais un capital qui ne meure pas avec lui et qui associe ses enfants, dans l'avenir, au bénéfice de sa prévoyance?

Et le crédit?

Nous avons fait ensemble, Cheysson, Mabilleau et moi, partie de plusieurs congrès où cette question du Crédit mutuel a été récemment étudiée. — Qu'est-ce que le Crédit mutuel? C'est encore une Société de secours mutuels, mais où l'on se propose non pas de secourir l'homme tombé, le malade ou le blessé, mais d'empêcher le travailleur de tomber à l'incapacité du travail, en lui fournissant, au moment où il cherche en vain autour de lui comme un aveugle qui trébuche, un soutien, un appui, une main tendue, l'avance d'argent qui lui permettra de reprendre sa route avec confiance, avec sécurité.

Ce Crédit mutuel, de nombreuses et puissantes Sociétés le font en Italie, il y en a aussi quelques-unes dans le midi de la France; proposons-nous de les multiplier. Oui, il est des Sociétés mutuelles, et des Sociétés florissantes, qui ont résolu ce problème en apparence insoluble : faire le crédit à quelqu'un qui n'offre aucune garantie matérielle, qui n'a pas une maison, pas une pierre et pas un sou qui puisse servir de gage; à quelqu'un qui n'offre au prêteur que son honorabilité, que son habitude d'être un bon travailleur, qui n'a pas à donner d'autre preuve pour mériter la confiance de ses associés que d'avoir payé régulièrement ses cotisations de mutualiste depuis qu'il est dans la Société. Eh bien, par ce fait qu'il est un bon mutualiste, qu'il est véritablement un associé dans la pleine et sincère acception du mot, qu'il a fait preuve de loyauté constante vis-à-vis de ses associés, qu'il n'a jamais manqué à sa parole envers eux, s'il a besoin d'une petite somme à un moment donné pour payer une échéance difficile, pour entreprendre même certain travail qu'il ne pourrait pas entreprendre sans une avance, on lui fait ce qu'on appelle un *prêt d'honneur*. Voyez-vous la grandeur de ce mot : prêt sur l'honneur? Qui es-tu, toi qui t'adresses à moi? Es-tu comme moi, un capitaliste? Possèdes-tu, si ton capital n'est pas réalisable, du moins des garanties et des gages? Ah! oui, si tu es un capitaliste, si tu as derrière toi un certain nombre de valeurs réalisables, je te prêterai dans la limite de ces valeurs. — Non, je n'ai pas de valeurs réalisables, je n'ai pas un capital dans le sens habituel du mot ou du moins je n'en ai qu'un, et, celui-là, je le porte en moi-même : ce capital, ce sont mes bras, c'est ma bonne volonté et c'est mon bon cœur !

Eh bien, la mutualité, là où règne son esprit véritable, trouve que c'est là un capital négociable, comme on dit à la Bourse, elle le négocie, et il arrive cette chose admirable qu'il y a moins de faillites avec ces garanties-là qu'il n'y en a avec les autres.

Quand je vois ce que, dans d'autres pays, on est arrivé à faire en concevant de cette manière large, généreuse, l'idée mutualiste, j'ai confiance que nous ne ferons pas moins dans notre France.

Nous sommes le pays des idées claires et des idées générales; nous savons très bien, lorsqu'un progrès a été réalisé d'une façon incomplète dans un autre pays, dégager de ces expériences partielles le principe supérieur, l'idée; nous savons formuler la loi qui permettra l'organisation méthodique et l'application définitive. Nous avons réussi à formuler la Déclaration des Droits de l'Homme, et de telle façon que tous les peuples nous l'ont reprise, et qu'elle est devenue — pas toujours dans les faits, mais au moins dans les textes — la loi commune de la plupart des nations civilisées; eh bien, il y a à faire une Déclaration des Droits de la Mutualité. Nous saurons bien la rédiger en France et nous mettrons notre honneur à l'appliquer de telle manière que nous puissions servir à notre tour d'exemple aux autres nations.

*
* *

Hier, Mabilleau — vous savez son voyage en Italie — me parlait d'une institution excellente qu'il a étudiée dans certaines villes du Piémont et de la Lombardie, qui s'appelle la Société des *braccianti*.

Qu'est-ce que c'est que les *braccianti*? C'est ce que nous appelons ici les cantonniers, plus modestement même, les balayeurs, ce sont, en somme, les gens qui font au jour le jour les plus durs travaux de voirie; ce sont de pauvres gens qui n'auraient peut-être pas de travail du tout et qui mourraient de faim s'il n'y avait pas quelque part, non pas l'atelier national dans le sens confus où ce mot a été pris il y a un demi-siècle, mais une sorte d'atelier municipal organisé sous une forme très pratique, très limitée et très justifiée. Les villes et les

Sociétés de secours mutuels se sont entendues à cet effet. Les villes payaient fort cher à certains entrepreneurs les travaux d'entretien de la voie publique. Les Sociétés de secours mutuels sont, vous le savez, autorisées par la loi italienne à disposer d'une partie de leurs ressources pour les placer autrement qu'en fonds publics, ce que je souhaite vivement qu'on nous permette de faire aussi en France dans une aussi large mesure. Ces Sociétés se sont donc offertes pour constituer et organiser, avec leurs ressources disponibles, des compagnies de modestes travailleurs qui seraient chargés de l'entreprise. Et les « braccianti » ainsi organisés s'acquittent à merveille de la tâche : la ville paie moins cher, un grand nombre de pauvres gens ont un travail assuré, un intermédiaire inutile et coûteux a disparu. C'est, on le voit, une corporation qui est née d'une Société de secours mutuels, un moyen nouveau d'appliquer le levier mutualiste, c'est-à-dire la force de l'association solidaire à toute une série de travaux publics, au double profit des travailleurs et des contribuables.

Nous venons de voir, en Italie, les Sociétés de secours mutuels créant des coopératives de production. Si vous alliez en Belgique, vous trouveriez des Sociétés coopératives créant des Sociétés de secours mutuels. Le *Vooruit* de Gand, dont vous connaissez la puissance, — il comptait, en 1896, 5.720 membres associés, faisait plus de 2 millions de recettes et plus de 60.000 francs de bénéfices annuels, — le *Vooruit* a donné, à cet égard, l'exemple de ce que peut l'esprit d'association, d'union, pour l'échange équitable des services, lorsqu'il se substitue à l'esprit de lutte pour l'existence, à l'esprit de rivalité et de combat.

Avais-je besoin de sortir de la France ? J'ai eu tort de franchir les frontières. Vous avez applaudi tout à l'heure

M. Lalance, de la maison Leclaire, et nous avons le président de la Société Leclaire à côté de nous. Qu'est-ce que c'est que cette maison, dont on avait raison de dire qu'elle est connue dans le monde entier et dont, tout à l'heure, vous appreniez que les États-Unis ont donné le nom à une ville qui compte aujourd'hui 40.000 habitants? C'est une Société qui réunit deux institutions sociales également intéressantes : une Société de secours mutuels et une entreprise industrielle et commerciale. Qui est-ce qui est propriétaire de l'affaire? C'est la Société de secours mutuels. Qui est-ce qui commandite l'industrie? La Société de secours mutuels.

Ainsi, comme en Italie, la mutualité a créé chez nous la coopération de production. Vous voyez comment l'esprit de mutualité, trouvant ses voies, poursuivant ses applications, pénètre de tous côtés le monde économique. Comme les racines d'un arbre vigoureux arrivent de toutes parts à saisir la terre nourricière et, dans le tronc puissant, réunissent et font monter le suc pour le répandre en fleurs et en fruits dans les branches qui s'étendent à leur tour de toutes parts, la mutualité, chaque jour élargissant son action productrice, saura répandre le bien-être, fruit du travail associé, sur des milliers de travailleurs, jusqu'aux points les plus éloignés du territoire.

Mabilleau me cite ce chiffre qui vaut mieux que toutes les images : grâce à cette admirable organisation de la Société Leclaire, 20 millions, représentant le produit de l'effort des ouvriers associés, ont été, en soixante années, répartis entre ces mêmes ouvriers. Comme, suivant la loi naturelle, la pluie tombée sur le sol remonte vers le ciel, élevée par la chaleur du soleil, puis y retombe pour donner à la terre une végétation nouvelle; ainsi, la richesse extraite de la matière par la main des hommes

est revenue aux mains de ceux qui l'avaient créée, et
s'est largement répandue au milieu de ces travailleurs,
leur donnant ainsi les moyens d'un nouvel effort et d'une
création de richesses nouvelles.

*
* *

Messieurs, que faut-il pour que la mutualité française,
prenant conscience de sa force, se dégageant peu à peu
des lisières sans doute nécessaires à ses premières
années, mais devenues des entraves à l'heure présente,
aborde enfin les grandes tâches dont je viens d'esquisser
les traits généraux et que la puissance de son principe
même lui permettra d'accomplir? Je l'ai dit en commençant, et c'est la signification profonde de votre réunion
de ce soir : il faut que les Sociétés mutuelles se groupent
entre elles et se fédèrent; il faut, en un mot, que les
mutualités se mutualisent.

Parmi les libertés que vous a données cette loi de 1898,
dont nous n'osons peut-être pas dire tout le bien que
nous en pensons, puisque nous avons modestement
collaboré à sa rédaction, il est une liberté essentielle :
celle de vous unir et de vous fédérer.

Tant que les Sociétés mutuelles ont dû vivre isolées,
elles ne pouvaient faire que le service des secours et,
bien faiblement encore, celui de la retraite. Mais la fédération vous est permise, par elle vous pourrez grouper
des milliers d'hommes, et les millions de francs dont
nous avons parlé, viendront s'accumuler dans un même
réservoir général et prendre là, dans leur association
même, toute leur force de production. Alors seulement
il sera possible de faire de grandes entreprises, de donner
à la mutualité ce caractère, cette portée, cette grande étendue d'action que j'ai essayé de déterminer tout à l'heure.

Que faut-il encore? Ah! il faut... nous arrivons ici à une question très importante et très grave, sur laquelle mon sentiment est inébranlable. Il faut que l'État, non seulement ne gêne en rien ce développement de la mutualité, mais qu'au contraire, par tous les moyens, il le favorise et l'encourage. Il faut que l'État voie dans la mutualité — ce qu'elle est en vérité — la seule institution qui le supplée et qui l'allège, la seule qui puisse le débarrasser de certaines de ses responsabilités et faire, en un mot, qu'il ait moins à faire. L'État doit être reconnaissant à la mutualité de chacune de ses conquêtes, puisque, là où la mutualité n'assure pas par la prévoyance volontaire le sort des malades ou des vieillards, c'est lui qui, sous la forme de l'assistance, sera obligé de les recueillir. Il faut donc que l'État ne fasse rien pour entraver l'essor de la mutualité; et qu'il fasse tout pour le développer et pour l'étendre. Il l'a fait, il le fait encore, et croyez bien — car je suis très heureux d'en toucher un mot en ce moment — que dans la loi des retraites dont on a parlé tout à l'heure, il ne sera rien fait qui puisse compromettre le sort de vos œuvres. Cela ne se fera pas, d'abord parce que la force que vous représentez est si grande aujourd'hui que vous ne le laisseriez pas faire, ensuite parce que ce n'est pas, soyez-en certains, dans la volonté de ceux qui, de bonne foi, cherchent la solution du problème des retraites. Il me suffit de rappeler que, dans l'article premier du projet voté par la Chambre, les Sociétés de secours mutuels sont expressément inscrites, à côté des caisses nationales des retraites et de la vieillesse, comme chargées d'assurer le service des retraites des travailleurs.

*
* *

Il est très difficile, très compliqué, ce problème de la

retraite ouvrière, et vous devez reconnaître que vous n'êtes pas encore prêts, en tant que mutualistes, à le résoudre dans son ensemble; mais il faut que, dans l'organisation qui sera définitivement établie par la loi, la place de la mutualité soit non seulement réservée mais mise, pour ainsi dire, en un lieu de préférence. Il faut, en d'autres termes, que, la retraite étant établie, le choix des moyens d'assurer cette retraite soit, autant que possible, laissé aux citoyens, et le moyen d'assurer la retraite par la voie de la mutualité me semble devoir toujours être reconnu comme étant le meilleur, parce qu'il est le moins cher et parce qu'il est le plus moral, puisqu'il repose à la fois sur l'initiative des individus et sur leur bonne volonté mutuelle.

J'ai, comme chacun de vous, Messieurs, mes idées particulières sur le système des retraites; ce n'est pas le moment de les exposer ici, puisque nous ne parlons que de la mutualité, il est cependant un point essentiel sur lequel je dois m'expliquer d'un mot. Après plusieurs années de réflexion et d'études, je suis arrivé à cette conclusion que l'on n'organisera pas les retraites si le principe de l'obligation n'est pas inscrit dans la loi. Mais, entendons-nous, il n'y a qu'une chose qui puisse être obligatoire, à mon sens, c'est l'acte même de prévoyance.

Messieurs, je vous disais que j'avais sur ces questions des idées particulières, que j'ai plus d'une fois exposées et développées : je crois qu'il y a au-dessus de nous, autour de nous, nous enserrant de toutes manières, une solidarité naturelle dont nous ne pouvons pas nous dégager. Je crois que les conséquences de cette solidarité sont telles que Cavé les a rappelées tout à l'heure : nous naissons tous débiteurs les uns des autres. Je crois que nous n'avons pas le droit de nous considérer dans la vie comme des isolés, mais que nous sommes des associés nécessaires, et qu'avant que des Sociétés de secours mutuels existent, en réalité, il y a une grande Société de secours mutuels entre humains, puisqu'il n'y en a pas un qui pourrait vivre si la Société, à tous les instants, ne lui fournissait, sous les mille formes de la civilisation, les moyens de travailler et de produire, les moyens de penser et de vivre. En échange de ce service commun, il y a une dette de chacun de nous vis-à-vis de tous les autres, et je crois que, de même que nous empêchons le malade qui a une maladie épidémique de la communiquer à ceux qui l'entourent, de même nous devons pouvoir empêcher certaines maladies morales de se communiquer autour de nous.

L'acte d'imprévoyance n'est pas seulement un mal individuel, il est un mal social; il n'a pas seulement des conséquences pour l'imprévoyant lui-même, il a des conséquences pour tous les autres hommes, pour la société tout entière présente et à venir.

Un homme qui ne s'est préoccupé dans le présent et dans l'avenir ni de lui ni des siens, n'est pas seulement le bourreau de lui-même, il nuit à tous, puisque, à un moment donné, cet égoïste et ceux auxquels il a donné la vie, vont tomber à la charge des autres hommes.

Tout mal individuel qui est en même temps un mal social, donne légitimement prise à la sanction commune; par conséquent il y a là un principe d'obligation : il ne vous est pas permis de nuire à autrui, ni indirectement, ni directement; votre imprévoyance est un acte coupable, nuisible à la société, elle a le droit de vous l'interdire.

Mais une fois que ce principe d'obligation a été établi, laissez libre l'individu d'accomplir l'acte de prévoyance comme il le jugera à propos; permettez-lui de le faire par tous les moyens les plus libres, les plus économiques, les plus à sa portée, les plus conformes à son goût, à son tempérament; laissez-le surtout pouvoir le faire, par les voies de la libre initiative et de l'accord commun, avec ceux qui l'entourent, avec la famille élargie, et qu'est-ce que la famille élargie, sinon la Société de secours mutuels?

Je m'excuse d'avoir, à la fin de cette réunion, exposé sur ce point mes idées personnelles, mais je crois que j'aurais manqué à un devoir de conscience si, parlant publiquement de cette question, je n'avais pas, devant des hommes qui peut-être ont une autre opinion, fait connaître la mienne tout entière. Mais, en tout cas, à ceux qui sont de mon avis comme aux adversaires de mes idées, une même route est indiquée.

A ceux qui pensent que la liberté doit être complète et qu'en aucun cas l'obligation ne doit être imposée même pour l'acte de prévoyance, je dirai : Hâtez-vous de développer la mutualité parce que la Société ne peut plus attendre, parce que le problème est posé d'une telle façon que les retraites se feront en tout cas ; si vous ne voulez pas qu'elles se fassent sans vous, hâtez-vous de vous organiser et de développer votre action de façon que vous puissiez dire en ce qui concerne ce service public, ce service social qui est attendu, qui est nécessaire : nous voulons en prendre la charge, et nous y sommes prêts.

* *

Vous avez parlé tout à l'heure, Monsieur Cheysson, d'atomes et de molécules ; et moi je pensais à ces coraux qui, dans l'Océan Pacifique, au fond de la mer, constituent peu à peu leurs agglomérations en forme de couronnes. Le navigateur passe pendant longtemps au-dessus d'elles sans se douter que dans les profondeurs il y a quelque chose qui s'édifie. Puis un jour le vaisseau, qui avait l'habitude de trouver là sa route libre, se heurte contre un écueil et échoue : les coraux se sont élevés peu à peu, ces petits êtres si humbles ont poursuivi leur œuvre d'une façon si continue, si tenace, ils ont bâti leurs édifices d'une façon si solide et si puissante, qu'après plusieurs années ce sont de hautes murailles qui affleurent à la surface de la mer, et l'on ne passe plus !

Et un jour vient encore où peu à peu, sur des points divers, rares et éloignés d'abord, puis se multipliant et se rapprochant de plus en plus, toutes ces petites constructions se réunissent et se soudent et on vous dit : C'est une terre nouvelle, c'est un continent qui s'est formé.

Puissiez-vous, Messieurs, à votre tour, à l'exemple de ces couronnes de coraux qui s'élèvent dans la mer Pacifique, édifier en chacune de nos villes, au fond de chacun de nos villages, ces couronnes de libres et bonnes volontés que sont les Sociétés mutuelles. Qu'elles se multiplient, s'unissent et se soudent étroitement, qu'elles soient ainsi l'assise solide de la Société nouvelle comme elles sont, dès maintenant, le symbole de l'union qui doit y régner. C'est à vous, mutualistes, qu'appartient le lendemain. La République que nous souhaitons, que nous concevons, qu'est-elle, sinon la grande mutualité générale, où s'organisera l'échange libre et volontaire des services entre hommes également justes, également épris du bien public, se considérant comme les associés les uns des autres ou, pour mieux dire, les membres d'une même famille définitivement apaisée, définitivement réconciliée.

C'est à cette grande famille, à cette société française réconciliée, unie étroitement dans la paix et dans la fraternité, que je lève mon verre en buvant à vous, Messieurs ; c'est à cette France dont, avec Michelet, nous pouvons dire le nom véritable : à celle qui sera « une grande amitié ».

III

LA FÉDÉRATION NATIONALE
DE LA MUTUALITÉ FRANÇAISE [1]

Vous comprendrez que c'est avec une émotion véritable que je prends la parole à la fin de cette grande journée. Il est passé par nos esprits tant de pensées généreuses, dans nos cœurs tant de mouvements passionnés pour le bien, qu'en vérité l'on serait bien mauvais si l'on ne sortait pas d'ici meilleur.

Je vous demande la permission, après tous les remerciements qui ont déjà été adressés aux uns et aux autres, de les réunir tous dans un élan de gratitude cordiale et fraternelle.

Et, d'abord à la ville de Saint-Étienne, à la démocratie stéphanoise, de laquelle sont sortis tous les mutualistes généreux et convaincus qui ont pris en main l'œuvre que nous fondons aujourd'hui, à cette ville de travailleurs passionnés et patients, qui luttent dans des conditions particulièrement rudes et difficiles, qui souffrent plus peut-être que beaucoup d'autres sous le poids incessant du labeur nécessaire à la vie de chaque jour, à tous les travailleurs qui, dans cette lutte âpre et dure, savent toujours, en toute circonstance, témoigner — vous l'avez lu aujourd'hui sur leur visage — cette cordialité sincère et

(1) Discours prononcé au banquet mutualiste de Saint-Étienne, le 28 septembre 1902.

franche qui ne s'exprime pas par des manifestations bruyantes, mais par des regards émus, des serrements de mains chaleureux, attestant que véritablement nous travaillons avec eux, pour eux et comme eux pour le bien public.

Aussi, je prie Monsieur le maire de Saint-Étienne, qui nous a donné aujourd'hui au théâtre l'hospitalité de la ville, de reporter à la population tout entière l'expression de notre reconnaissance, à tous ceux, en un mot, qui, par leurs bonnes volontés réunies, ont formé le faisceau qui ne se brisera plus.

Vous les avez vus se lever tout à l'heure, donnant déjà l'exemple de ce que sera la Fédération nationale, montrant l'identité de leur pensée, quels que fussent d'ailleurs leurs sentiments particuliers sur telle ou telle question technique ou pratique, quelle que fût hier, et ce matin peut-être encore, leur opinion sur l'opportunité qu'il y avait à fonder dès maintenant la Fédération nationale. Du moment qu'ils ont compris qu'un élan, un grand mouvement était en voie de se produire et de se développer, ils ont été les premiers à dire : puisque les bonnes volontés sont prêtes, marchons et donnons-leur au besoin l'exemple.

J'ajouterai que non seulement dans le fond, mais même dans la forme de leur langage, vous avez déjà pu apercevoir ce que sera la mutualité nationale. Avez-vous remarqué comme les orateurs du Nord étaient chaleureux et méridionaux, comme ceux du Midi étaient graves, précis, sévères ?

Avez-vous remarqué comme toutes ces qualités diverses, qui font le charme de l'esprit français et de la France elle-même, se manifestaient, avec une sorte de pénétration réciproque, dans l'esprit des mutualistes venus de tous les points de notre pays ?

On a parlé de fées, tout à l'heure, on a crié au miracle. On a eu bien raison, car nous avons vu cette chose extraordinaire qu'un enfant venu au monde aujourd'hui — je parle de la Fédération régionale — était déjà d'âge à produire un nouvel enfant, la Fédération nationale.

C'est la force de cette mutualité dont on vient de parler d'une façon si spirituelle, qui suit les lois de la gravitation, non pas pour attirer les astres, comme on le disait à tort, mais pour apprendre aux plus humbles satellites à marcher dans l'orbite de l'astre central, la mutualité.

La mutualité a ce secret que, dès qu'elle apparaît, dès qu'on prend conscience d'elle, tous ses bienfaits se manifestent aussitôt et se répandent autour de nous.

*
* *

Des hommes se sont rencontrés en petit nombre — et Mabilleau a bien eu raison tout à l'heure de rendre justice à ceux qui, les premiers, ont ouvert péniblement le sillon — des hommes, dis-je, se sont rencontrés qui ont osé tenter de résoudre en commun les problèmes de la vie quotidienne, au lieu de s'entredéchirer, des hommes qui, en présence des difficultés et des dangers que présente la lutte contre la nature, au lieu de perdre, par l'isolement et les divisions, le meilleur de leurs forces si nécessaires contre l'ennemi commun, ont su multiplier ces forces par l'association, par l'union, par la fraternité.

Ces hommes ont alors entrepris la lutte contre les risques immédiats, contre la maladie. C'était le premier secours qu'il fallait donner, celui qui s'imposait par sa nécessité pressante. Ils ont fait cette œuvre admirable du secours mutuel contre la maladie. Il ne faudra jamais oublier qu'il est l'instrument nécessaire du soulagement des misères immédiates les plus cruelles, les plus touchantes, les plus déchirantes qu'on puisse voir.

Puis, considérant que, derrière ce premier mal, il y en avait plus d'un autre, mais qu'ils étaient trop peu nombreux, trop dispersés pour attaquer ces risques considérables, ils ont eu la pensée, réalisée par vous aujourd'hui, d'entreprendre ces œuvres nouvelles par les Unions mutualistes. On a indiqué tantôt un certain nombre de ces œuvres ; il en est d'autres encore auxquelles il faut penser.

Remarquez déjà ceci : il y a inégalité de répartition de la misère et du mal sur la surface d'un grand pays comme le nôtre. Il est facile peut-être, dans certains endroits, de créer des mutualités qui suffisent aux besoins particuliers d'une ville ou d'une région déterminée et limitée ; mais il y a au contraire d'autres régions de la France, d'autres cités où la misère est bien plus grande, les salaires plus faibles, où le nombre de ceux qui peinent est considérable et où il leur est plus difficile de s'associer pour parer à cette lourde misère.

Cette inégalité de répartition du mal sur la surface d'un grand pays ne démontre-t-elle pas la nécessité de fusionner les mutualités, de sorte que celles qui sont déjà puissantes viennent en aide à celles qui sont encore faibles?

C'est le premier problème. Il y en a d'autres, ceux des mutations, des mises en subsistance, etc., que vous ne résoudrez également que par une entente générale entre toutes les mutualités.

Je n'ai pas besoin d'insister, je suis moins que vous un praticien de la mutualité ; mais il me suffit d'être président d'une Société de secours mutuels pour savoir combien de fois ces questions se présentent devant vous.

*
* *

Il y a une maladie terrible entre toutes, qui pèse actuellement sur notre pays d'un poids très lourd, c'est la tuberculose. Je le dis devant notre collègue du Nord, M. Roche, parce qu'il sait, plus que personne ici peut-être, quelle est la gravité du mal et qu'il a, grâce à l'Union du Nord, entrepris de le combattre.

La tuberculose croît aujourd'hui en France suivant une progression redoutable, alors que, dans certains pays étrangers, on la voit au contraire diminuer.

Tandis que l'Allemagne a fait tomber de 32 à 24 sur 10.000 habitants le nombre des décès causés par la tuberculose, nous sommes actuellement en France à 44 décès pour 10.000 habitants. Quand je pense que, rien que dans les hôpitaux parisiens, on constate chaque année une augmentation de 900 à 1000 malades de la tuberculose qui viennent chercher vainement à l'hôpital la guérison ; quand je pense que 150.000 personnes par an meurent en France de la tuberculose, ce qui représente peut-être 500.000 malades attendant une guérison qui ne viendra pas, je pense que ce ne sont pas les secours contre la maladie, comme les Sociétés de secours mutuels ont pu en organiser jusqu'à présent, qui sauveront jamais les malheureux ainsi frappés, non seulement parce qu'elles ne secourent pas, mais parce qu'elles ne peuvent pas secourir les malades chroniques, non seulement parce que la nature même de cette maladie échappe à vos primes, mais parce qu'ils ne sont soignés que lorsqu'ils sont atteints d'accidents aigus, à la période avancée de la maladie, c'est-à-dire à l'heure où il est devenu impossible de rien faire pour eux.

Ce sont des malades qui ne peuvent être soignés que par la prévoyance, par une prophylaxie qui aura saisi le malade avant que le mal ne soit chez lui trop profond.

Vous savez bien que ce n'est pas dans son domicile,

dans son étroit logis, où il n'a ni air ni soleil, où il ne trouve aucune des conditions d'hygiène et de salubrité qui lui seraient indispensables, que le tuberculeux, même au début de la maladie, pourra se soigner et se guérir. Ce ne pourra être que dans un établissement spécial, où toutes les prescriptions médicales seront observées, où toutes les ressources sociales seront mises à la disposition du malade.

Ces établissements, qui ne peuvent être organisés qu'à grands frais, croyez-vous qu'une, que deux, que dix Sociétés de secours mutuels peuvent suffire à les instituer? Pouvez-vous prélever sur les faibles ressources que représente la cotisation de chacun de vos membres ce qu'il faudrait pour créer la prévoyance contre la maladie terrible que j'ai nommée?

Non! cela n'est possible que par les unions, par la Fédération.

Et pourquoi ai-je cité cet exemple? C'est que notre collègue, M. Roche, a précisément contribué, avec de généreux mutualistes, à la fondation d'un sanatorium contre la tuberculose dans la région du Nord et qu'il montre ainsi la voie dans laquelle, je l'espère, tous les mutualistes de ce pays voudront entrer après lui.

Vous trouverez peut-être, mes chers amis, cette diversion bien sévère et bien triste à la fin de notre banquet si gai jusqu'à présent. Que voulez-vous? Les médecins ont l'habitude d'aller droit au mal; ils ne se préoccupent pas de savoir si cela est laid ou triste à voir; ils font leur devoir qui est de soigner et de guérir.

*
* *

Que d'autres sujets encore on pourrait traiter dans ces réunions où les destinées futures de la Fédération seraien successivement étudiées, où les règles de son action seraient établies!

Je ne veux pas parler après Mabilleau de la question des retraites, je ne veux pas rechercher avec vous — je vais peut-être moins loin que lui dans les prévisions optimistes — dans quelle mesure la mutualité pourra suffire à la résoudre; je crois qu'elle ne le pourra pas complètement. Mais, comme je tiens essentiellement, pour mon compte, à ce que l'Etat ne détruise pas l'œuvre que les mutualistes ont acceptée, à ce qu'il ne vienne pas, en entreprenant la solution du problème qui s'impose, détruire ce qui a déjà été fait par vous, ce que vous êtes en train de développer en ce moment par la libre initiative et la bonne volonté réciproque, — je viens vous dire : Hâtez-vous, vous tous qui voulez que le problème des retraites ouvrières soit résolu par l'action libre et l'initiative des bonnes volontés associées, hâtez-vous de vous associer vous-mêmes et de vous fédérer pour réunir les ressources suffisantes, afin de porter une partie de ce terrible fardeau, tellement lourd que nous ne savons pas encore nous-mêmes comment les finances de l'Etat pourront le résoudre d'une façon satisfaisante.

Comment voudriez-vous que vos ressources locales, partielles, disséminées, isolées, pussent y suffire? Vous ne pourrez le faire, même en partie, qu'à la condition de former bloc de l'ensemble de vos forces et, suivant la loi des grands nombres, en répartissant la charge sur un si grand nombre de cotisants et d'associés qu'elle soit supportée sans peine par la masse entière.

**

Je vous demande pardon de retenir si longtemps votre attention, mais depuis ce matin, depuis que j'ai aperçu tous ces horizons ouverts devant nous, que j'ai vu naître cet'e Fédération, dont il y a quelques jours encore, nous portions le rêve dans nos esprits sans espérer qu'il se réaliserait si vite, n'est-il pas naturel que nous nous pressions autour de cette image, que nous cherchions à en deviner les traits et que nous désirions savoir ce que contient ce mot — car ce n'est aujourd'hui qu'un mot dont il faut faire demain une féconde réalité.

Et alors, marchant toujours, montant plus haut vers les sommets, apercevant le bien qui, par votre association, se répand peu à peu, sur la France, je prétends que le dernier mot ne sera pas dit par la seule Fédération des mutualités, car vous n'êtes pas, vous, Sociétés de secours mutuels, les seules formes d'associations bienfaisantes et fraternelles dans ce pays.

Il y a, à côté des Sociétés de secours mutuels proprement dites, d'autres associations de noms divers : des coopératives de production, de consommation, de crédit, des syndicats professionnels qui, au fond, ne sont pas autre chose, croyez-le bien, que des essais de groupement des bonnes volontés libres en vue d'un bien commun à tous.

Il faut qu'entre ces Sociétés de secours mutuels fédérées et ces autres grandes associations communes aux travailleurs, — car beaucoup d'entre vous font partie à la fois de plusieurs Sociétés, — il faut qu'il se fasse entre ces Fédérations diverses un groupement supérieur qui embrasse toute la fraternité sociale et unisse ses efforts contre tous les risques, organise toutes les associations du bien contre toutes les puissances du mal.

Il faut, en d'autres termes, que, contre l'association des égoïsmes qui, par le fait même du progrès de la science, par le fait des conditions particulières de la production économique, devient chaque jour plus redoutable dans le monde, contre ces associations qu'on appelle des trusts en Amérique, des cartels en Allemagne, en un mot que, contre les associations pour le gain, il y ait des associations pour le sacrifice.

Ces associations, c'est vous qui les représentez les premiers, parce que c'est vous qui avez le plus de désintéressement dans l'œuvre commune que vous avez fondée. Mais il ne faut pas oublier qu'il y en a d'autres qui, cherchant le bien commun de leurs membres, cherchent par là même le bien supérieur; ce sont tous ces groupements dont je parlais tout à l'heure.

Ce que je voudrais, c'est que, élevant notre pensée vers le bien social dans son ensemble, au moment où nous venons de fonder la Fédération des sociétés de secours mutuels proprement dites, nous levions nos verres ensemble à la Fédération plus générale encore de toutes les associations de bonnes volontés pour la fraternité et pour la paix sociale.

IV

LA MUTUALITÉ ET L'OBLIGATION [1]

Messieurs,

Nous pouvons être satisfaits de la journée qui s'achève, l'Alliance d'hygiène sociale a donné aujourd'hui la preuve de sa vitalité, de la bonne volonté et du dévouement de ses membres. Nous avons vu passer devant nous les résultats déjà obtenus par un grand nombre de nos Comités régionaux, et nous sommes en droit d'espérer, dès à présent, que notre action va s'étendre à tous les points de la France où elle n'atteint pas encore, qu'elle va se développer et s'affermir dans les villes où nos Comités fonctionnent.

Nous pouvons donc terminer cette journée par un acte de foi et d'espérance dans l'avenir de l'Alliance.

Des idées intéressantes, fécondes, ont été émises et le Conseil de l'Alliance a le désir de les étudier.

Ce qui s'en dégage dès à présent, et ce qui nous réunit tous autour de MM. Fuster et Mabilleau, ce sont les deux points suivants, qui sont déjà bien familiers aux membres de l'Alliance.

(1) Discours prononcé à l'Assemblée générale de l'Alliance d'hygiène sociale, le 26 novembre 1908.

Tout d'abord, la prévoyance doit se substituer, partout où elle sera possible, à l'assistance. La première forme de l'assistance, c'est la prévoyance, qui sauvegarde la vie et la santé de l'individu. L'idée économique la plus juste au point de vue social, c'est précisément l'idée de la préservation du capital humain. Il n'y a pas de raisons financières qui puissent prévaloir contre cette vérité qu'un homme sauvé, c'est du travail sauvé, c'est de l'argent sauvé, du capital sauvé pour lui-même et pour les autres, et que la balance de l'opération de prévoyance se résout par un gain et non par une perte.

En conséquence, toutes les fois qu'il sera possible de faire pénétrer l'action de la mutualité, l'action mutuelle, — j'entends le mot mutuel dans son sens le plus large, car j'y comprends la mutualité nationale elle-même, c'est-à-dire l'association de l'ensemble des citoyens, — toutes les fois qu'il sera possible de faire pénétrer l'instrument mutuel dans l'organisme de prévoyance, l'acte sera bon, l'acte sera économique, nécessaire, si l'on veut par là alléger les budgets futurs, et l'acte sera vraiment social.

Voilà la première des deux idées sur laquelle nous sommes tous d'accord. Elle inspirera, par conséquent, l'étude que le Conseil de l'Alliance doit faire des différentes propositions qui lui sont soumises.

La seconde idée, sur laquelle nous sommes également d'accord, quant au principe, sauf à discuter les modalités de l'application, c'est que l'être humain a un devoir social, à partir du jour où il vient au monde. Ce devoir, c'est de faire l'effort nécessaire pour ne pas tomber, à un moment donné, à la charge de la société. Si le devoir de la société, envers celui qui est tombé, est certain, le devoir de l'individu, vis-à-vis de la société, de faire ce qui est possible pour ne pas tomber à sa charge, est également certain. Il y a donc un lien mutuel — c'est le mot vrai — entre l'individu et la société. De là l'idée de rendre, peut-être, obligatoire l'acte de prévoyance. Et cette obligation — voilà ce qu'il y a de nouveau et d'ingénieux dans les propositions de Mabilleau — paraît possible, plus facile, en tout cas, à faire accepter si elle s'applique à la jeunesse, à l'enfance, c'est-à-dire à l'être humain, alors qu'il n'est pas encore libre, dans la pleine acception du mot, alors qu'il est forcément un mineur, c'est-à-dire un dépendant. Ce ne serait qu'une obligation de plus qui lui serait imposée, car le mineur vit nécessairement sous le régime de l'obligation pour tous les actes de sa vie. Il ne peut pas vivre sous un autre régime, puisqu'il est dans la dépendance du père, de la mère, de la famille, du tuteur, du maître, que sais-je? Il est toujours sous la dépendance du majeur, jusqu'au jour où la société le reconnaît capable de pourvoir lui-même, dans la liberté, à l'ensemble de ses besoins.

S'il est possible d'appliquer au mineur l'obligation de l'institution de prévoyance, s'il est possible, grâce au barème dont on parlait tout à l'heure, et qu'il faut étudier, de faire en sorte, que les sommes qu'il aura versées à l'époque où il sera soumis à l'obligation, soient suffisantes pour lui rendre sa liberté, à l'époque où il arrive à la majorité, à l'âge adulte, est-ce que ce n'est pas la solution du problème que nous cherchons depuis si longtemps?

Il y a donc quelque chose de tout à fait ingénieux, neuf, pratique, dans les combinaisons qui nous sont proposées, et voilà pourquoi, sans demander encore aujourd'hui à l'Assemblée de prendre sur ce point une résolution hâtive et prématurée, je lui demande, en tous cas, par l'expression de son sentiment général, par l'accueil qu'elle va faire à mes paroles, d'autoriser le Conseil de l'Alliance d'hygiène sociale à poursuivre cette étude, et à chercher si ce n'est pas dans cet ordre d'idées, que réside la solution tant cherchée.

V

LA MUTUALITÉ ET LES FEMMES
LA MUTUALITÉ DANS L'ÉTAT [1]

Je vous remercie, mon cher Mabilleau, de l'admirable conférence que vous nous avez faite et, permettez-moi de vous le dire, de l'engagement que vous avez pris avec l'Alliance d'hygiène sociale.

Mais, avant d'entrer dans le vif de la question, je tiens à remercier aussi et tout d'abord les organisateurs du Congrès de l'Hygiène sociale qui a si merveilleusement réussi.

Nous assistons depuis hier à un véritable mouvement d'ensemble des esprits et des cœurs, dans cette ville d'Agen et dans ce département du Lot-et-Garonne, vers le but que nous poursuivons, vers l'idéal que nous rêvons de réaliser. Nous ne nous attendions pas, laissez-moi vous le dire, à un pareil succès. Nous ne nous imaginions pas que la salle des Illustres serait trop petite cette après-midi, que la salle du théâtre serait trop petite ce soir et que, si nos séances devaient durer plusieurs jours encore, ce ne serait pas un théâtre neuf qu'il faudrait construire à Agen, mais un Colisée immense comme celui de la ville de Rome.

A ceux qui ont préparé ce succès, aux membres du Comité d'organisation, du Comité régional de l'Alliance,

[1] Discours prononcé au Congrès de l'Alliance d'hygiène sociale, à Agen, le 26 juin 1909.

aux présidents de groupes, j'adresse les remerciements de l'Alliance et je les adresse également, de tout cœur, à M. le maire et à la municipalité d'Agen, à la population tout entière, qui ont créé le milieu dans lequel nous sommes, véritable foyer de bonnes volontés.

Nous sommes assurés que les pouvoirs publics, dans cette ville et dans ce département, s'associent étroitement à notre œuvre.

Donc, à vous tous, Messieurs, et, en particulier, à vous, Mesdames, qui êtes venues en si grand nombre à nos réunions et qui êtes ce soir si attentives à ces leçons quelquefois techniques, je dis merci.

* *

J'ai été particulièrement heureux qu'au début de ses explications notre ami Mabilleau insistât sur la nécessité où nous sommes de faire appel à vous, Mesdames, pour faire vivre l'œuvre qui est la nôtre. Nous ne pouvons rien sans vous. Mabilleau a montré comment la mutualité devait peu à peu se transformer, s'agrandir et s'étendre. Il a indiqué, comme le germe de ce développement nouveau, le caractère mixte que doit prendre désormais la mutualité. Dans la mutualité nouvelle, la femme et l'homme doivent jouer un rôle égal. Le père et la mère y doivent entrer avec leurs enfants. La mutualité doit réaliser cet idéal très simple et très grand : l'organisation méthodique, au profit des hommes, des vertus mêmes de la femme.

Or, ce que nous avons essayé d'exprimer dans une formule théorique, nous chercherons à le faire passer dans la réalité des faits, grâce à l'organisation, à la propagande et à l'outillage véritablement considérable dont la mutualité dispose.

Si vous avez suivi le développement de l'œuvre que se propose Mabilleau, vous avez dû être surpris, charmés, un peu effrayés, puis, réflexion faite, enthousiasmés par l'étendue même de ses projets et de ses plans ; mais rien de tout cela ne pourra s'accomplir si nous n'avons pas fait pénétrer dans la mutualité française tout entière, ce qui est proprement l'action dé la femme.

Qu'êtes-vous à notre foyer, Mesdames, sinon l'image de la bonté, de la tendresse, de la prévoyance, du charme et de la sagesse ? Qu'est-ce que le foyer, sinon la flamme qui ne peut être entretenue, malgré l'aliment que lui apporte tous les jours le salaire de l'homme, si la femme, vestale éternelle, ne veille, pendant toutes les heures du jour. Que l'enfant soit malade, elle est debout, que l'homme se repose de son labeur, elle protège son repos, toujours attentive, toujours prête au sacrifice.

Quel est celui qui, ayant été entouré d'enfants, n'a admiré ce qu'il y a de supérieur dans la puissance active de la femme pour soulager le mal ? Quel est l'homme qui, ayant porté dans ses bras, pendant quelques instants, l'enfant malade, ne s'est avoué vaincu, et, lassé, ne l'a remis à la mère qui, simplement, a puisé dans son cœur maternel des forces invincibles ?

Voilà ce que vous savez faire tous les jours à votre foyer, ce que vous pratiquez, non pas en vertu de théories ou d'idées générales, mais en vertu de cette force intérieure et, comme l'a dit Mabilleau, de cette force d'amour qui n'anime pas seulement chacune de vous, mais communique à l'humanité tout entière sa tendresse et sa grandeur.

Eh bien ! cela, nous voulons le mettre dans la mutualité, en vous y appelant, Mesdames. Et je vous remercie pour votre présence, pour votre adhésion certaine et pour nous avoir donné l'assurance que ce rêve sera réalisé.

* *

Je crois que la mutualité française est, à l'heure présente, définitivement constituée dans sa puissance et dans son avenir. Elle a été pendant longtemps une œuvre admirable, mais une œuvre limitée; elle a été une œuvre de solidarité réelle, mais à vue trop courte. Elle a, comme on l'indiquait si bien tout à l'heure, songé au secours, alors que le mal était déjà né. Elle entre aujourd'hui dans cette action nouvelle qui prévient le mal et, pour le guérir vraiment, l'empêche de naître. Et cette action doit s'étendre progressivement à chacun de tous les maux sociaux dont nous sommes menacés et qui doivent chacun faire l'objet d'un des articles de notre programme nouveau.

J'ai dit l'année dernière, à Lyon, que notre tâche doit être la coordination de tous les efforts de la prévoyance contre tous les maux sociaux et il suffit que ces maux aient une répercussion sociale pour que la société ait le devoir de les prévoir, de les combattre, de les guérir.

Pour cela, il faut prendre l'individu avant sa naissance, et le conduire, pas à pas, jusqu'à la mort; il faut, à chacun des stades de son existence, deviner quels sont les risques qu'il va courir et il faut, à l'avance, organiser la défense contre chacun d'eux. On fait ainsi, non pas une œuvre de bienfaisance, mais une œuvre de prévoyance, non pas une œuvre individuelle, mais une œuvre universelle; on fait, pour la race et pour le pays, une économie de forces et d'argent; on sauve, ce qui est plus précieux que tous les capitaux de la richesse matérielle, on sauve le capital humain; en multipliant la race, on agrandit l'action de son pays dans le monde, puisqu'on donne à chacun des individus de cette race, plus de santé, plus de force, plus d'intelligence, plus de moralité, plus de volonté. Ainsi, on grandit à la fois la patrie, la race et l'humanité.

Cette organisation méthodique, vous avez promis, mon cher Mabilleau, de concourir avec nous à la former : nous ne pouvons rien sans vous ; vous pouvez tout sans nous ; vous êtes le nombre, vous êtes l'intelligence ; vous avez des demi-milliards dont vous parlez avec une libéralité merveilleuse et dont vous nous donnerez notre part avec la même libéralité.

Combien êtes-vous de mutualistes ? J'ai toujours peur de me tromper d'un million. Vous êtes, je crois, cinq millions d'hommes, vous avez un milliard de réserve, et vous nous dites ce soir : ces cinq millions d'hommes, ce milliard, nous les mettons à votre disposition pour l'œuvre d'Alliance d'hygiène sociale, pour la lutte contre la maladie et la misère, et pour la prévention contre la mort.

Eh bien, soit ! je suis persuadé que la parole que vous avez prononcée sera entendue, non pas seulement dans le Comité d'hygiène sociale, mais dans le pays tout entier. Vous avez eu raison de dire que, sur certains points, la loi ne donne pas aux mutualistes la liberté suffisante pour tirer de leurs ressources tout ce qu'elles contiennent en puissance ; vous avez eu raison de dire que vous êtes entravés par des liens trop étroits qui datent du temps où la mutualité n'était que la petite organisation que vous définissiez tout à l'heure ; mais la législation a évolué moins vite que vous n'avez fait, en progressant si rapidement.

Vous savez que le travail parlementaire est très lent ; vous savez qu'il faut beaucoup de temps pour mettre sur pied un petit projet, et vous pensez bien qu'il faut beaucoup d'années pour transformer en loi, et en loi appliquée, un projet aussi vaste que celui que nous rêvons de

voir aboutir. Il ne faut donc pas s'étonner si le mouvement législatif, prudent et sage, n'a pas suivi d'un pas
égal la volonté chaque jour grandissante des hommes de
dévouement et de passion que vous êtes.

Vous serez entendu, hors d'ici, là-bas, au Parlement,
dans tout le pays, et, lorsque vous viendrez, portant vos
engagements et réclamant les nôtres, nous demander de
défendre l'œuvre que vous avez exposée tout à l'heure,
vous pouvez d'ores et déjà nous prendre au mot, nous
serons là.

*
* *

C'est que, voyez-vous, la mutualité telle que nous la
concevons, ce n'est pas autre chose que l'organisation de
la patrie elle-même. Entre l'individu et l'État, il n'y a
pas actuellement l'intermédiaire qui doit nécessairement
exister. Il y a évidemment la loi, mais la loi, de sa
nature, est impérative ; elle doit être impérative et avoir
une précision telle que, lorsque les hommes sont en conflit, le juge puisse savoir exactement de quel côté se
trouve le droit. La loi ne se prête pas à ces interpréta-
tions généreuses que l'initiative privée peut réclamer.
Il faut donc qu'à côté de cette institution légale, il y ait
des institutions d'initiative privée, de volonté libre qui
interprètent chaque jour, à chaque heure, les besoins du
moment, qui agissent plus ou moins largement, suivant
le cas, et non pas seulement jusqu'à la limite d'un texte
précis, mais jusqu'à la limite d'un sentiment sincère.

Il faut que la patrie soit une grande amitié ; mais pour
cela, il faut précisément, entre l'individu et l'État, autre
chose que le lien légal, il faut qu'il y ait le lien d'une
solidarité fraternelle. Ce lien doit exister sous la forme
d'associations volontairement créées, ayant pour objet,
non pas une satisfaction d'égoïsme, mais l'intérêt général.

Ces associations sont constituées par la raison et par le cœur ; ce n'est pas autre chose qu'une armature intérieure dans l'État, une armature d'un caractère nouveau, et c'est ce qui sera demain la force de la société.

Est-ce que nous ne voyons pas, de tous côtés, grandir et les colères et les espérances ? Est-ce que nous ne sentons pas qu'il est indispensable de faire sortir de nos pensées une conception toujours plus large de ce que doit être l'Etat de demain ? Est-ce que nous ne pensons pas que la notion d'État est trop étroite, et qu'elle doit s'assouplir, s'élargir sans cesse, pour laisser place à ces éléments nouveaux, à ces forces chaque jour grandissantes qui toutes concourent à l'intérêt commun ?

C'est la mutualité qui fournira ces forces, et alors, quand ces cinq millions d'adhérents que comportent vos sociétés seront devenus les quarante millions de Français que nous sommes, quand règnera partout ce sentiment commun de la solidarité et cette volonté commune de prévenir le mal, bien des choses qui sont obscures seront éclairées, bien des menaces tomberont d'elles-mêmes, devant des réalisations faites volontairement. Alors, vous l'avez dit, et je le répète après vous, la paix sociale existera par l'échange et par le rapprochement des bonnes volontés.

C'est votre Mutualité nationale, c'est votre grande Fédération qui aideront à faire ce rapprochement.

Permettez-moi de vous remercier, non pas seulement au nom de l'Alliance, mais au nom de tous les bons citoyens, de tous ceux qui aiment la France et au nom de toutes les mères françaises.

VI

LA MUTUALITÉ
ET LES ŒUVRES DE PRÉVOYANCE [1]

Je n'ai pas besoin de dire que l'Alliance d'Hygiène
sociale et son président ne peuvent pas rester sourds à
l'appel de Mabilleau, et pour plusieurs raisons : d'abord
parce qu'il est lui-même un des piliers de l'Alliance
d'Hygiène Sociale et que les idées qu'il exprime ici en ce
moment au nom de la mutualité il les a exprimées bien
souvent en notre nom à nous; ensuite parce qu'il a
rappelé la longue campagne que l'Alliance d'Hygiène
Sociale et la Mutualité n'ont pas cessé de mener côte à
côte, pour le même combat, avec les mêmes sentiments,
les mêmes résolutions et la même certitude.

*
* *

Je dis certitude, car aujourd'hui nous sommes arrivés
au moment de la certitude. Nous pouvons dire que pendant bien des années d'hésitation et d'obscurité nous ne
voyions pas très clairement les moyens d'aboutir. Nous
souffrions du besoin d'argent, nous sentions la nécessité
morale, angoissante pour ainsi dire de faire sortir la
Mutualité de l'état de force contenue où elle était depuis
tant d'années pour la pousser vers l'action où elle
déploierait toute sa puissance. Eh bien, à force de
chercher on trouve, et c'est la Mutualité elle-même qui a

(1) Discours prononcé au Congrès de l'Alliance d'Hygiène
sociale, à Roubaix, octobre 1911.

trouvé son chemin; elle l'a trouvé en invoquant, d'ailleurs, l'exemple de ce qui avait été fait dans certains pays. Elle a regardé au delà des frontières, et elle s'est aperçu que la nécessité avait fait naître ailleurs des institutions de prévoyance ignorées de nous; elle s'est aperçu qu'en Allemagne, par exemple, on avait voulu prévenir au lieu de continuer à guérir, et que c'étaient les caisses d'invalidité allemandes, qui, dans l'intérêt de leur propre budget, s'étaient avisées d'entreprendre la lutte contre le taudis, d'organiser des dispensaires et d'employer tous les moyens de prévention contre les maladies contagieuses; que cela n'avait même pas été fait dans un sentiment d'humanité, mais dans un sentiment de bonne gestion financière, dans une vue de prévoyance, qui sait concilier l'intérêt de l'individu avec l'intérêt de tous; que l'Allemagne s'était ainsi donné un ensemble d'œuvres de prévoyance ou de prévention grâce auxquelles la mortalité baissait rapidement tandis que la nôtre ne changeait pas, c'est-à-dire restait redoutable et cruelle.

Alors la Mutualité s'est dit qu'il était indispensable qu'elle employât enfin ses énormes capitaux à une œuvre vivante, au lieu de les laisser dormir dans les caisses de l'État. A côté de la capitalisation purement financière, il y a cette autre capitalisation dont parlait tout à l'heure M. Risler, qui augmente le capital humain et paye des arrérages de santé et de bonheur. Cet emploi de votre fortune était-il possible? Aviez-vous le droit de consacrer vos richesses à l'œuvre sociale elle-même et à faire là dépense initiale, nécessaire à une œuvre de prévoyance? Ce droit nous l'avons fait donner aux caisses de retraites de la loi de 1910. Quant aux sociétés de secours mutuels, nous sommes sur le point d'obtenir qu'elles aient la libre disposition de 1/10 de leurs fonds « libres et non affectés ». Mais ce n'est pas encore chose acquise et nous

aurons une bataille assez vive à livrer pour remporter
cette victoire. J'espère que la Commission du Sénat
voudra bien rapporter le projet dans une prochaine
session, mais nous aurons des adversaires à persuader.
Nous en avons rencontré quand nous avons proposé
l'emploi des fonds des caisses de retraites ; on ne manquera pas de nous dire aussi que le trésor des mutualistes
est intangible. Eh bien, je m'adresse à Mabilleau, je
m'adresse à tous les mutualistes et je leur demande ceci :

Je voudrais que chacune des Sociétés de secours
mutuels des départements, des arrondissements, des
cantons, exerçât sur les représentants de ces départements, de ces arrondissements, de ces cantons au Parlement, une pression très légitime et très nécessaire, non
point pour déterminer un vote qui leur serait arraché par
la contrainte, mais pour déterminer leur esprit à consentir volontairement à un vote qui serait conforme à
leur conscience.

Cela, vous le pouvez. Si dans vos Sociétés de secours
mutuels vous voulez bien mettre à l'ordre du jour de vos
prochaines délibérations cette question du libre emploi
des fonds des sociétés, et si vous voulez bien prier vos
représentants à la Chambre et au Sénat d'assister à cette
réunion de la Société de secours mutuels, de façon à leur
donner un mandat du genre de celui que vous m'avez
donné tout à l'heure, nous arriverons très rapidement,
au lieu de nous perdre dans les broussailles du maquis
parlementaire, à un vote conforme à notre désir.

Je dis que cela est nécessaire, parce qu'au nombre des
objections que nous allons trouver devant nous, il en est
une que vous connaissez bien. On nous dit : Nous ne
voulons pas toucher à la loi de 1898 ou nous voulons la
réformer entièrement. On nous dit : La loi de 1898 comporte un certain nombre d'articles vieillis, qui ne répon-

dent plus à l'état actuel de la Mutualité; il faut la retoucher, mais il faut que ce travail soit fait d'ensemble. Eh bien, ce que je vous demande, c'est de faire comprendre à vos représentants qu'on peut faire à la loi de 1898 certaines retouches partielles, reconnues nécessaires, sans attendre qu'un nouveau code de la Mutualité sorte des délibérations du Parlement. C'est la méthode la plus simple et la plus directe pour obtenir des résultats; à mesure que l'expérience nous montre comment fonctionne le mal et comment fonctionne le remède, appliquons le remède au mal et n'attendons pas d'une théorie générale la satisfaction de tous nos désirs.

*
* *

Et j'arrive à ce second point qu'a traité si bien Mabilleau. Vous avez la bonne fortune qu'en outre la loi sur les retraites, en vous permettant de faire des prêts aux départements et aux communes, vous donne le moyen d'obtenir d'eux qu'ils créent des œuvresconçues suivant le plan de solidarité mutualiste. Ce n'est pas tout à fait la même chose que nous demandons en ce moment et c'est pourquoi je ne crois pas que la liberté d'emploi du dixième soit rendue inutile par la loi des retraites. Je crois que les deux choses seront utiles parallèlement et que la première vous permettra de faire plus directement œuvre de prévoyance mutualiste. Il ne faudra donc pas y renoncer.

Messieurs, je pense que dans ces conditions notre victoire est assurée, il faut que notre objectif soit connu; c'est pourquoi je vous ai demandé de vouloir bien, dans vos sociétés, faire auprès de vos représentants au Parlement la propagande nécessaire pour qu'avant les vacances prochaines, c'est-à-dire pendant la session qui va s'ouvrir, l'amendement à la loi de 1898 soit définitivement voté.

16.

VII

LA MUTUALITÉ, ŒUVRE DE LIBERTÉ, DE PRÉVOYANCE, DE COORDINATION [1]

Mesdames, Messieurs,

Réunir autour de M. le Président de la République les chefs de la mutualité et les délégations des Sociétés de secours mutuels de France accourus de tous les points du pays, manifester ainsi l'union étroite des travailleurs et du Gouvernement de la République et, par là même, symboliser l'unité morale de la nation, c'est là une idée noble et féconde dont nous devons dire notre gratitude à cette puissante Association qu'est la Fédération nationale.

Pour moi, qui, depuis de longues années, suis étroitement associé à la grande œuvre d'amélioration sociale dont vous êtes les meilleurs artisans, et qui suis arrivé à cet âge de la vie où l'on désire passionnément avoir la certitude que les efforts accomplis n'ont pas été vains, que l'œuvre poursuivie est bonne, que ses fruits sont assurés, ce m'est une grande joie de me trouver dans cette réunion de travailleurs et de mutualistes qui viennent en même temps célébrer les résultats acquis par leur long effort et affirmer leurs espérances, leur confiance dans l'avenir.

[1] Discours prononcé à la fête nationale de la mutualité, au Trocadéro, le 16 juin 1912.

Je voudrais, c'est mon premier devoir, donner un souvenir à ceux qui nous ont précédés, à ceux dont les efforts, obscurs et sans gloire, ont ouvert la voie que nous avons suivie. Vous savez comment les Sociétés de secours mutuels se sont formées, comment, nées, en partie des compagnonnages, sous l'œil hostile des anciens régimes qui voyaient en elles des foyers de conspiration, elles se sont développées, elles se sont multipliées malgré tout, tant était grande et féconde la force de l'idée qu'elles portaient en elles.

On ne peut sans émotion et sans respect parler de ces précurseurs. Je voudrais évoquer, en termes simples, comme le fut leur cœur, la mémoire de ceux-là qui, les premiers, n'ont pas voulu se résigner à croire que la détresse et la misère des uns étaient la rançon nécessaire du bonheur des autres, qui ont eu foi dans l'effort humain pour améliorer la condition humaine et qui ont su dégager et faire vivre l'âme de bonté et de fraternité qui, presque toujours, sommeille et s'ignore sous l'armure d'égoïsme où l'homme, prisonnier de ses hérédités lointaines, s'enferme, hélas ! encore trop souvent.

Messieurs, n'oublions pas ces bons serviteurs de la première heure. Nous recueillons aujourd'hui les fruits de leur clairvoyance et de leur labeur désintéressé. Que leur souvenir nous demeure sacré.

* *
*

Après les temps de servitude, l'heure de la liberté est enfin venue pour la mutualité. La loi de 1898 a été la charte de son affranchissement.

Depuis que la République a définitivement libéré, organisé, encouragé les Sociétés de secours mutuels, leur essor a été d'une rapidité merveilleuse, leur nombre est maintenant de 24.000, elles groupent 5 millions de membres, elles possèdent un patrimoine de près de 600 millions de francs. Elles ont multiplié leurs services, elles se sont unies, fédérées, pour réaliser les œuvres supérieures de la prévoyance : Caisses de réassurance, orphelinats, maisons de retraites, dispensaires. Elles se sont diversifiées, s'adaptant aux milieux, aux besoins, devenant Mutualités maternelles, familiales, scolaires, militaires, protégeant l'enfant à sa naissance, le suivant pendant ses premiers mois, assistant la mère, habituant l'écolier, par la pratique journalière, à l'épargne et à l'aide fraternelle et jusqu'au régiment maintenant le soldat dans le chemin de la prévoyance et de la solidarité.

Une période s'achève. Arrivée sur ce premier sommet, la mutualité découvre devant elle d'autres sommets qu'elle ne soupçonnait pas et qu'elle veut atteindre à leur tour. Toute une œuvre nouvelle se présente, ayant à la fois une portée individuelle et une portée nationale considérable. C'est cette œuvre que la mutualité veut entreprendre et qu'elle est seule capable d'accomplir.

De la période écoulée, on a pu dire qu'elle apparaîtra dans l'histoire de la mutualité comme la période *sentimentale*; ce mot, croyez-le bien, n'est pas une critique et ne vous amoindrit pas, c'est au contraire un éloge, car la haute valeur morale de la mutualité, son grand honneur, c'est d'avoir entrepris avec une générosité qui ne s'est pas déterminée par des raisons arithmétiques, l'œuvre qu'elle a réalisée. Cette œuvre, elle a été avant tout de bonté humaine, indifférente avec une hardiesse généreuse aux calculs étroits, ignorant volontairement la diversité des risques, œuvre de rapprochement des cœurs, première manifestation tangible de la fraternité humaine.

Ses résultats matériels montrent qu'elle fut utile et

productive. Ses résultats moraux, nous les avons aujourd'hui sous les yeux ; elle a appris à des millions d'individus la force de l'action solidaire ; elle les a dégagés de l'individualisme étroit ; elle leur a enseigné la première l'association libre et féconde. Elle a été avant tout, surtout, une merveilleuse éducatrice des consciences.

Sans doute, si l'homme a appris la vertu sociale, c'est moins par une connaissance préalable, précise et consciente des conditions du problème que par une expérience quotidienne de ses difficultés et de ses périls. Mais, si la fonction crée l'organe, l'organe à son tour tend à perfectionner la fonction ; lorsqu'elle a eu pris la conscience exacte de son rôle, la mutualité s'est efforcée de s'adapter exactement à tous les besoins d'une démocratie en voie d'organisation. Elle a fait d'elle-même son éducation nouvelle pour la tâche nouvelle à accomplir.

Est-ce à dire qu'elle allait bannir dès maintenant le sentiment qui l'avait créée, le déclarer désormais inutile ou dangereux ? Qui donc y pourrait songer ! Une œuvre humaine ne se mesure pas seulement à ses résultats matériels, et la valeur morale de l'effort lui donne seule son prix. Qui voudrait, d'ailleurs, exclure de vos Associations et ce désintéressement et cette puissance du sentiment sans lesquels elles ne seraient que de pures Associations d'intérêts ? Qui voudrait exclure le cœur de ces créations du cœur ? Gardons-nous d'enlever à la mutualité, en l'obligeant à se soumettre exclusivement à de froids calculs, ce qui a fait la noblesse de ses origines, ce qui lui a donné sa puissance d'action sur la nation.

Mais il ne s'ensuit pas que la prévoyance, s'attaquant chaque jour à des risques plus nombreux, plus graves et plus complexes, doive être laissée au hasard ; il lui faut s'appuyer sur les données de la science, tirer profit de l'expérience acquise dans d'autres pays. On ne s'amoindrit pas, on s'élève, au contraire, en devenant plus conscient, et c'est aimer davantage que se donner de sages et clairvoyantes raisons d'aimer.

Dans l'effrayante complexité des faits économiques de nos jours, la précision des méthodes est devenue plus que jamais indispensable. Je l'ai dit ailleurs, et je demande la permission de le répéter : la mutualité est une plante spontanée, son germe est dans l'effort libre de la prévoyance individuelle. Il faut qu'elle grandisse en liberté, suivant les lois normales de la vie. Aucune main étrangère ne doit lui imposer son pli, lui faire subir une règle artificielle de développement. Mais la science, révélatrice des lois du monde économique et social, et la science seule, lui doit être un guide, et comme un tuteur volontairement accepté. Il lui faut, pour réussir dans son audacieuse entreprise, agir à la fois par le cœur et par la raison.

*
* *

L'œuvre nouvelle, la mutualité l'a commencée en s'engageant dans l'application de la loi des retraites ouvrières. Cette loi qui l'avait, au début, inquiétée et même quelque peu déçue, lui apparaît maintenant, au contraire, comme heureuse et bienfaisante pour elle-même. Les Sociétés de secours mutuels, dont le but essentiel était et demeure la lutte contre la maladie sous toutes ses formes, à tous ses degrés, ne pouvaient que très rarement assurer les pensions garanties que prévoit la loi de 1898. Elles trouvent aujourd'hui, dans leur participation aux retraites ouvrières, le moyen le plus sûr, le plus facile et aussi le plus avantageux de le faire. La loi de 1910, en apportant à la mutualité des facilités techniques qui lui étaient absolument indispensables pour poursuivre d'une façon sûre l'œuvre de la retraite, en lui donnant cette disponibilité des réserves mathématiques réclamée par elle depuis si longtemps, l'a dégagée d'une grande préoccupation, a singulièrement simplifié son œuvre, en mettant à part la prévoyance à long terme et en l'organisant.

Et voici que la tâche de la mutualité, pour s'accroître encore, apparaît plus aisée, débarrassée d'un souci qui l'inquiétait à juste raison. Voici qu'elle va pouvoir tourner son infatigable et merveilleuse activité vers d'autres ambitions encore plus hautes et plus larges. Elle va se pencher sur l'individu qui, frappé dans la force de l'âge par la maladie, amoindri dans sa capacité de travail, peut-être pour des années, peut-être définitivement, se trouve subitement sans ressources pour subvenir à son existence et à celle des siens. La mutualité n'hésite pas : elle s'offre pour être l'organisme nécessaire de l'assurance contre l'invalidité.

Elle a désormais conscience de toute sa puissance et de tous ses devoirs. Elle va bien au delà du domaine individuel, de la protection étroite assurée à chacun des siens, elle va toujours plus loin, toujours plus haut, partout où l'appelle la lutte contre toutes les déchéances, toutes les misères, ou les fléaux sociaux. Et comme elle sait par sa longue expérience que c'est à l'origine même des maux que seulement on peut les guérir et que, mieux encore, c'est en les empêchant de naître qu'on est seulement certain de les supprimer, elle embrasse courageusement dans son entier le vaste problème de la prévoyance vraiment préventive. Contre les maladies évitables, contre le fléau sinistre de la tuberculose, elle entreprend la lutte sans relâche, elle demande à mettre ses trésors au service de toutes les œuvres de préservation, celle notamment, si nécessaire, si urgente, de l'habitation ouvrière, de la maison saine du travailleur. Merveilleuse éclosion d'entreprises et d'œuvres, par où seront assurés l'air et le soleil au logis, la santé et la vigueur au corps, l'énergie à l'âme, et, par suite, la joie du foyer familial, la dignité et la douceur de la vie.

Voilà la tâche de demain. Il faut, pour l'accomplir, que les Sociétés se multiplient et qu'elles s'unissent. Je voudrais que, dans chaque commune, à côté de l'école publique, on vît demain se fonder cette autre école sociale, la Société de secours mutuels. Vous tous qui allez rentrer dans vos villes, dans vos campagnes, ouvriers, paysans, dont le labeur et la claire raison font la prospérité matérielle et morale de la France, redites à tous les vôtres que la République attend de vous cet effort et qu'elle le secondera de tout son pouvoir.

Messieurs, j'ai bien souvent remercié nos amis de la mutualité d'avoir voulu coopérer à la préparation de la législation des retraites. Je veux, en terminant, y revenir encore. Ils étaient des précurseurs, ils n'ont pas voulu demeurer des privilégiés, et aujourd'hui voici leur récompense : en s'associant désormais à l'application de la loi, en se faisant les intermédiaires de son action, les propagateurs de ses bienfaits, ils ont, par un retour des choses aussi juste que naturel, assuré à leurs Associations une activité, une prospérité nouvelles. En donnant la vie à l'œuvre des retraites, ils ont accru dans des proportions inouïes la vie de la mutualité elle-même. Du risque immédiat de la courte maladie qui était le seul objet de leurs préoccupations d'autrefois, ils se sont élevés à ceux des autres risques sociaux. Ainsi, peu à peu, le génie de la mutuelle prévoyance — qui n'est autre que celui de la solidarité librement et généreusement consentie — pénètre nos institutions et nos lois, s'empare pour ainsi dire de leur champ d'application, et d'un édifice purement juridique fait une chose vivante, un organisme qu'une force intérieure accroît et développe à l'infini.

Quelle belle leçon vous donnez ainsi, Messieurs, au législateur lui-même. Et quel encouragement pour lui à continuer, avec votre concours, l'œuvre encore imparfaite de l'assurance contre l'ensemble des risques sociaux ; l'invalidité, le chômage, les maladies sociales de toutes sortes encore en dehors du réseau bienfaisant de la prévoyance légale. En nous montrant cette puissance de vos efforts unis contre toutes les misères, vous nous enseignez la nécessité de coordonner contre elles l'effort de toutes les actions, de toutes les forces publiques ou privées de la nation. Enfin, Messieurs, vous nous donnez l'espoir, par votre admirable propagande, de dissiper les préjugés, d'apaiser les passions hostiles, d'éteindre les souffles mauvais de désordre et de haine et de hâter l'avènement de la démocratie française à cette vie supérieure où, par l'accomplissement de tous les devoirs sociaux, se scellera, dans la justice et dans la paix, l'unité des esprits, des consciences et des cœurs.

LES MOYENS DE LUTTE CONTRE LES MAUX SOCIAUX

L'ACTION DE L'ÉTAT

I

LE COMITÉ CONSULTATIF D'HYGIÈNE PUBLIQUE AU MINISTÈRE DE L'INTÉRIEUR

Le 14 janvier 1889, M. Léon Bourgeois, sous-secrétaire d'État au ministère de l'Intérieur, présidait la première séance tenue par le Comité consultatif d'hygiène publique de France au ministère de l'Intérieur, et prononçait les paroles suivantes :

... Le gouvernement de la République croit avoir réalisé une réforme importante en réunissant ici les services de l'hygiène à ceux de l'assistance. Par un même acte, il crée ainsi la direction de la santé publique, l'unit directement aux services hospitaliers avec lesquels elle a les rapports naturels les plus nécessaires, et met à sa disposition, pour aider dans leur œuvre les conseils d'hygiène départementaux, l'appareil entier de notre administration préfectorale et municipale.

Messieurs, un mot me reste à dire pour rassurer certaines inquiétudes. En donnant au service de la santé publique l'unité de direction, la cohésion et les moyens d'action indispensables, le Gouvernement n'a pas fait une œuvre qui puisse préoccuper les défenseurs de la liberté individuelle. Notre doctrine à cet égard n'est pas douteuse, et nous devons, dès le premier jour, la proclamer très hautement.

Lorsque la puissance publique prescrit des mesures pour la sauvegarde de la santé de la population, deux conditions s'imposent rigoureusement à elle : la valeur scientifique et l'efficacité des mesures prescrites doivent être à l'abri de toute contestation sérieuse. La population ne peut, en aucun cas, servir de champ d'expériences à des théories scientifiques. En matière d'hygiène, l'État n'a pas le droit d'intervenir pour faire progresser la science ; la science faite a seule le pouvoir de parler par sa bouche ; c'est à elle seule qu'il peut, sans atteinte à la liberté des citoyens, prêter les moyens d'exécution.

En outre, les mesures prescrites ne doivent apporter à la liberté de l'individu d'autres restrictions que celles qu'exige la défense de la vie, de la santé, c'est-à-dire enco⌐ le la liberté des autres citoyens. L'hygiène personnelle, bien entendu, est pour l'individu un bien inappréciable, mais elle ne peut lui être imposée. Des règlements sanitaires ont été établis dans certains pays voisins, pour déterminer impérativement toutes les conditions dans lesquelles doit être construite l'habitation individuelle ; nous ne vous demanderons pas de règlements analogues. Ces conditions peuvent à nos yeux faire l'objet de conseils, d'avis rendus publics, d'instructions répandues ; les règles d'où elles découlent doivent être rendues familières aux esprits par toutes les voies de l'enseignement, dès l'école primaire elle-même ; mais là s'arrête notre droit. Alors, au contraire, qu'il s'agit non plus du mal que l'individu se fait à lui-même, mais du mal qu'il fait ou va faire aux autres, alors qu'il s'agit de défendre contre lui les voisins, les locataires d'une maison, la population de la commune ou de la ville, les

enfants de nos écoles ou de nos collèges, les soldats de
notre armée, menacés par quelques causes d'insalubrité,
par un foyer occasionnel ou permanent de maladie trans-
missible, le droit de la puissance publique naît de l'atteinte
portée au droit de chacune des existences menacées, et,
en même temps que le droit, naît pour elle le devoir
d'agir. Les mesures ordonnées dans ces conditions, pourvu
qu'elles soient, d'ailleurs, je l'ai dit, d'une efficacité certaine au point de vue scientifique, sont en même temps
indiscutables au point de vue juridique et économique.

« Agir sans nuire », tel est, suivant le mot de Turgot,
le domaine de cette liberté « qui ne peut être restreinte
que par des lois tyranniques ». Messieurs, les mesures à
la préparation desquelles nous vous demandons de prêter
le concours de votre expérience et de votre autorité ne
seront jamais tyranniques; elles seront conformes à la
justice, car elles ne seront appliquées à un citoyen que
dans la mesure où elles seront nécessaires pour d'fendre
contre lui la santé et la vie des autres citoyens. Elles
seront conformes aux principes de notre démocratie
républicaine, car elles profiteront avant tout aux petits,
aux faibles et aux malheureux; elles répondront enfin
aux nécessités du patriotisme, car elles auront pour but
et pour effet de conserver et d'accroître ce capital humain
dont la moindre parcelle ne peut être perdue sans une
atteinte à la sécurité nationale et à la grandeur de la
Patrie

II

LA COMMISSION
D'ASSURANCE ET DE PRÉVOYANCE SOCIALES
A LA CHAMBRE DES DÉPUTÉS

Le 14 décembre 1893, à propos de la proposition suivante de M. Habert à la Chambre des députés : « Il sera nommé une Commission de 33 membres qui prendra le nom de Commission du travail et à laquelle seront renvoyés les divers projets et propositions de loi concernant les questions ouvrières. M. Léon Bourgeois demandait la parole :

... Ce que je voudrais déterminer, c'est la compétence de la Commission à nommer.

L'ensemble des questions ouvrières est à ce point considérable que, si l'on ne détermine pas aujourd'hui l'objet des travaux de la Commission, nous aurons à bref délai les conflits les plus embarrassants.

Si l'on envisage l'ensemble des questions ouvrières, on peut les répartir en deux groupes.

La Commission qu'il s'agit de nommer a pour objet principal les rapports du capital et du travail, l'organisation du travail, les salaires, etc.

Il y a, au contraire, d'autres questions que j'appellerai des questions de prévoyance sociale; ce sont celles concernant les retraites ouvrières, les assurances contre les accidents du travail, les sociétés coopératives, etc., qui

17.

nécessitent des études complètes et qui suffiraient certainement au travail d'une Commission spéciale.

Je voudrais que la Chambre fît le départ entre ces deux ordres d'études, et qu'elle décidât la nomination d'une Commission pour l'organisation du travail, et d'une autre Commission pour les questions de prévoyance sociale. »

(La proposition fut adoptée à l'unanimité.)

M. Léon Bourgeois, nommé le 19 janvier 1894 président de la Commission d'assurance et de prévoyance sociales, définit ainsi l'objet des travaux de la Commission :

La Chambre, en constituant une Commission de l'assurance et de la prévoyance sociales, a exprimé son désir de voir ces questions étudiées dans une vue d'ensemble, dans un esprit commun, et avec l'ordre et la méthode nécessaires pour obtenir des solutions générales nettement coordonnées.

Puis, après avoir rappelé les risques auxquels dans l'ordre naturel et dans l'ordre économique hommes et choses sont exposés, et avoir montré comment l'assurance contre ces risques divers est déjà obtenue par un certain nombre de sociétés et d'institutions particulières, M. Léon Bourgeois détermine le rôle de l'Etat :

Le problème qui se pose devant l'opinion et que la Commission a charge d'étudier est celui-ci : Dans quelle mesure l'Etat doit-il à son tour intervenir dans cette œuvre de sagesse et de solidarité? Quelle est la nature, quelles seront les limites du devoir social? Si ce devoir social est reconnu, quels sont les moyens d'en assurer l'accomplissement?

L'État intervient pour conseiller, soutenir, surveiller, contrôler les œuvres de prévoyance dues à l'initiative privée; de là notre législation des Sociétés de secours

mutuels, des caisses d'épargne et des diverses propositions qui tendent à la compléter.

Il intervient encore pour faciliter la gestion des fonds
épargnés, en assurer l'emploi dans des conditions de
sécurité plus complète.

Enfin, et dès maintenant, il intervient pour subven-
tionner les œuvres existantes, et cette subvention a un
double objet : il s'agit à la fois d'améliorer la situation
que se sont faite les prévoyants et les assurés, et d'en-
courager, par cette amélioration même, d'autres citoyens
à entrer dans les mêmes voies.

Malgré tous ces efforts, la situation actuelle est encore
telle qu'un grand nombre de travailleurs, de la campagne
et de la ville, ne peuvent même, avec l'ordre, l'économie
et la prudence, arriver à se préserver suffisamment des
risques de la vie. L'Etat ne doit-il pas faire un pas en avant
et prendre en main d'une façon plus complète l'œuvre
de la prévoyance générale ?

La Chambre, en décidant la nomination de cette Commission, paraît avoir marqué à cet égard une volonté
que le sentiment de la majorité de la Commission semble
partager.

La question est des plus complexes. Elle soulève, en
dehors des problèmes d'ordre purement théorique et
doctrinal, des difficultés techniques et financières considérables.

La Commission donnera toute sa persévérance et toute
sa bonne volonté à l'étude de ces problèmes dont l'heureuse solution importe si grandement à la République.

III

LE MINISTÈRE DU TRAVAIL [1]

Messieurs,

C'est un devoir pour le ministre du Travail d'assister le plus souvent possible aux Assemblées des mutualistes. Je suis malheureusement obligé de m'y soustraire trop souvent, vous savez pour quelles raisons, et de demander à mon excellent collaborateur Richard de me représenter parmi eux. Ils n'y perdent rien, mais c'est pour moi une véritable peine, car j'aime à reprendre des forces au contact de ces dévoués et de ces vaillants, parmi lesquels je compte tant de vieux et fidèles amis. Du moins, si je ne puis, aussi souvent que je le désirerais, me trouver au milieu d'eux, j'ai cette satisfaction de continuer à travailler pour eux et je suis profondément heureux de voir que leur armée s'augmente chaque jour, qu'elle s'accroît de bonnes volontés nouvelles, de nouvelles troupes aussi ardentes, aussi désintéressées que leurs devancières, mais ayant en plus l'expérience acquise, et toujours plus désireuses de faire de la mutualité ce qu'elle doit être : l'instrument le plus puissant du progrès social.

Messieurs, j'ai lu avec grande attention vos rapports et les travaux de votre première séance et je recueille

(1) Discours prononcé à Caen, au Congrès mutualiste de Normandie, le 7 juillet 1912.

avec soin le fruit de vos délibérations. Soyez persuadés que dans les études que je poursuis actuellement pour la mise au point des différentes lois qui vous intéressent, je m'inspirerai des indications et des vœux que vous m'avez donnés aujourd'hui.

Mais, permettez-moi de vous le dire, les mutualistes ne sont pas seulement à mes yeux les représentants de la mutualité proprement dite, ils sont cela et ils sont quelque chose de plus : ils m'apparaissent véritablement comme l'élite morale de la nation. C'est parmi eux que nous rencontrons les républicains les plus sûrs, les patriotes les plus convaincus, les démocrates les plus passionnément dévoués au bien social. Aussi, semble-t-il tout naturel, dans une Assemblée comme la vôtre, d'étendre mes regards au delà des limites mêmes de l'œuvre des Sociétés de secours mutuels, et de considérer dans son ensemble l'œuvre sociale tout entière à laquelle, après tout, vous et nous, travaillons dans une communion certaine de pensée et d'espoir.

J'ai déjà rappelé ailleurs ce passage de notre déclaration ministérielle où le Gouvernement auquel j'ai l'honneur d'appartenir disait que le ministère du Travail devait être dans la nation « un foyer de concorde et une école de solidarité ».

Ce n'était pas là, Messieurs, une formule vaine. C'était l'expression précise d'une volonté réfléchie. En acceptant ma part de responsabilité dans la direction des affaires, à une heure particulièrement difficile, je me suis senti déterminé surtout par cette conviction que, pour donner à notre pays toute sa force, toute son unité, à nos institutions républicaines toute leur action bienfaisante, à notre démocratie française toute sa confiance dans l'avenir, la politique indispensable était de poursuivre avec des vues d'ensemble, avec une méthode rigoureuse et prudente, mais avec une résolution inlassable, l'organisation sociale de la nation.

* *

Une vue d'ensemble, une méthode, conditions essentielles de toute entreprise de longue haleine. Quelle est, sur le terrain social, l'œuvre déjà accomplie? Quelles en sont les lacunes? Que reste-t-il à faire? Comment relier ce qui est déjà fait à ce qui doit être fait? Comment créer l'œuvre, une dans son esprit et dans ses résultats; l'œuvre harmonieuse où chaque législature nouvelle pourra reprendre et poursuivre sans à-coups la tâche de ses devanciers, où peu à peu s'édifiera cette législation générale du travail et de la prévoyance dont les premiers chapitres sont déjà écrits, mais dont tant de pages sont encore blanches, ce Code où le travailleur des villes et des campagnes trouvera la synthèse réelle de ses espoirs et où la nation tout entière puisera la certitude de voir tous ses enfants réconciliés dans un sentiment commun de sécurité, de fraternité et de justice?

Que de points de vue divers, avant d'arriver à cet aspect général des choses!

Il faut d'abord considérer le travailleur dans son milieu de travail : à l'atelier, à l'usine, à la mine, dans l'exploitation rurale ; il faut étudier tous les risques qui naissent pour lui de son travail même, ou qui sont liés à l'accomplissement de sa tâche journalière; il faut ensuite le considérer dans son milieu social, analyser les maux qui, du dehors, le menacent lui et les siens, risques généraux communs à tous les hommes, mais souvent plus dangereux pour lui, puisqu'il n'a pas les avances nécessaires pour s'en préserver et s'en défendre : la maladie, l'invalidité, la vieillesse.

Le mal reconnu, défini, il faut le combattre. Contre

tous ces risques, il faut organiser la prévoyance. Mais cette prévoyance ne peut nécessairement rester individuelle, car une prévoyance isolée n'est qu'une forme de l'imprévoyance voisine, puisqu'une imprévoyance voisine viendra la décevoir et la détruire; il faut la prévoyance mutuelle, et pour les risques les plus généraux, pour ceux qui sont universels, il faut la prévoyance universelle organisée par tous et pour tous, la prévoyance assurée avec le concours de la nation elle-même.

Nous sommes loin, heureusement, de cette époque où toute intervention de l'État apparaissait comme une des formes de l'oppression, où tout, disait-on, doit être abandonné au libre jeu des lois naturelles auxquelles le législateur ne doit, et d'ailleurs ne peut rien changer. Une nation, disait Michelet, est « une grande amitié ». Est-il bien différent de dire qu'elle est une vivante et perpétuelle association d'intérêts, de volontés, de consciences, où tout mal individuel devient nécessairement un mal social, où rien ne peut atteindre l'individu sans atteindre l'ensemble, où le mal de chacun rejaillissant sur tous, la solidarité des maux entraîne, exige la solidarité de tous dans la prévoyance pour tous?

En somme, les données du problème si vaste et si complexe qui nous préoccupe se réduisent à ces trois formes : il faut, partout où cela est possible, substituer la prévoyance à l'assistance, il faut dresser cette prévoyance contre tous les risques qui menacent tous les êtres humains dans leur sécurité, leur santé, leur existence, leur vie matérielle et morale; il faut enfin organiser cette prévoyance par le mutuel concours des initiatives volontaires et libres, là où elles sont suffisantes, mais par le mutuel concours de toutes les forces de la nation là où celles-ci seules sont assez puissantes pour prévenir le mal ou le réparer.

C'est, nous ne l'ignorons pas, un champ immense qui s'ouvre devant nous; certes, la République s'y est résolument engagée depuis quelques années; mais combien est petite encore l'étendue parcourue auprès de celle qui reste à conquérir!

Que de maux sociaux nous menacent à toute heure, et que de forces pour les vaincre il va falloir mettre en action et coordonner!

* *

Si l'on considère d'abord le travail en lui-même, sa durée apparaît comme le premier risque à envisager. Les travailleurs doivent être protégés contre les dangers d'un travail trop prolongé, qui nuit à la fois à l'individu et à la société, qui nuit à la qualité de la production, qui nuit à la famille, à la moralité, qui peut être une cause profonde d'étiolement et d'appauvrissement de la race. C'est là une question d'ordre public, d'intérêt social, dans laquelle, avec le discernement et la mesure qui s'imposent, en tenant compte des nécessités de la production nationale, le législateur ne peut se refuser à intervenir.

Contre le travail ininterrompu, la loi du 13 juillet 1906 a organisé le repos hebdomadaire, et cette loi, qui a soulevé au début tant de protestations — car c'est le sort, en France, des lois sociales les meilleures et les moins critiquables, — est aujourd'hui entrée dans sa période d'application normale. Pouvait-on, en effet, ne pas comprendre que le repos, après une semaine laborieuse, répond à une nécessité physique et à une nécessité morale, que ce repos est indispensable à la vie de la famille et que rien ne la resserre et ne la consolide plus que la joie de ces heures de loisir passées en commun, qui peuvent être pour chacun de ses membres la source d'une moralité plus haute et d'une affection plus étroite et plus durable.

Mais le repos hebdomadaire ne saurait suffire lorsque le surmenage quotidien est tel qu'il ne peut être réparé. La limitation de la journée de travail elle-même est également indispensable. Permettez-moi de me réjouir, ici, d'avoir vu, il y a deux jours, la Chambre accorder le vote de la loi des dix heures, qui, avec les dérogations et les délais nécessaires pour permettre à l'industrie nationale de supporter sans fléchir les charges de la législation nouvelle, assurera enfin au travailleur cette marge de repos, cette réserve de forces indispensable à la conservation de sa santé et, par suite, à la santé, au bien-être de tous les siens.

Bien d'autres dispositions doivent encore être étudiées pour compléter cette législation du travail : le régime des établissements commerciaux est tout entier à créer, d'autres lois spéciales sont en cours d'examen, telle par exemple que la loi des huit heures des ouvriers de la mine, votée par la Chambre le 30 mars 1912, et qui, je l'espère, sera prochainement et définitivement voté par le Sénat.

Et que de retouches et de compléments encore nécessaires malgré les lois récentes de décembre 1911 et de juin 1912, à la législation protectrice du travail de la femme et de l'enfant !

Après avoir reconnu les dangers qui naissent de la *seule durée* du travail, il faut considérer ceux que la *nature* de ce travail fait courir à la santé du travailleur : risques individuels d'abord, c'est-à-dire accidents professionnels, relativement faciles à apprécier et dont la loi du 9 avril 1898 a prévu la réparation : maladies professionnelles, qui feront, dans un délai rapproché, l'objet d'une législation particulière. Puis, à côté des risques individuels, les risques généraux, qui ne peuvent se mesurer pour chaque individu d'une façon précise, mais qui résultent, pour tous indistinctement, des conditions spéciales de chaque sorte de travail, ou de l'hygiène générale de l'usine, du magasin, de l'atelier, de l'exploitation rurale.

Enfin, Messieurs, risques de toute autre nature, risques d'ordre économique qui pèsent sur le travailleur en pesant sur ses moyens d'existence, sur le taux et sur la continuité de son salaire. Je ne peux ici rappeler que d'un mot le problème du marchandage et celui si douloureux du travail des femmes à domicile où l'isolement et la faiblesse de la femme déterminent les cruels abus du *sweating system*, et justifient exceptionnellement l'intervention de la loi dans la question même du salaire.

Enfin, Messieurs, comme les individus, le travail lui-même a ses maladies et ses crises : c'est le chômage et c'est la grève.

Le chômage ! Mal dont l'étendue ne cesse de s'accroître, qui crée cette incertitude du lendemain si cruelle aux travailleurs et qui est peut-être le mal dont il souffre le plus aujourd'hui; mal universel, aux causes multiples et obscures, qui frappe sans exception tous les peuples. Nulle part la nécessité d'une observation et d'un classement rigoureux des faits ne s'impose davantage et nulle part pourtant la documentation scientifique n'est plus loin d'être achevée.

Parmi les remèdes proposés, l'organisation du placement figure, de toute évidence, au premier rang. Mais chez nous, hélas! le marché du travail humain est encore loin d'être organisé. Placements syndicaux et bureaux municipaux fonctionnent au hasard et sans lien. Mais le placement peut-il d'ailleurs suffire? Des mesures préventives sont nécessaires; c'est d'abord l'organisation de l'apprentissage, grâce à laquelle moins d'ouvriers inférieurs, propres seulement à des besognes médiocres et purement matérielles, se presseront, au delà de toute nécessité, à la porte des chantiers et des usines; c'est l'action de l'État faisant fonction de modérateur dans l'exécution des grands travaux publics, comme l'a demandé récemment le Comité d'études pour la prévision des chômages industriels.

Mais, si ces mesures permettent d'atténuer le chômage, elles ne peuvent le faire disparaître complètement.

Il faut que l'assurance en répare, en pallie le plus possible les maux. Les groupements professionnels peuvent seuls nous permettre d'organiser l'assurance par les Caisses de chômage qui seront demain, pour eux, un admirable champ de bienfaisante action.

Assurer du travail au travailleur, lui permettre, grâce à sa propre prévoyance, secondée par l'effort de la solidarité sociale, de traverser les périodes de crise, c'est lui donner, avec la sécurité de chaque lendemain, le sentiment de sa dignité et la conscience de son rôle dans la production universelle.

Mais il est un mal plus cruel encore : c'est la grève. Comment parler sans tristesse de ces brusques cessations de travail, ayant souvent un motif réel, parfois un prétexte futile, au cours desquelles souvent la cause première disparaît pour faire place à des prétextes nouveaux, de ces conflits fréquents entraînant désordres et violences qui, lorsqu'ils prennent fin, laissent l'ouvrier sans économies, endetté, l'industrie désorganisée et distancée par la concurrence, toute une région meurtrie, désunie et attristée. Nulle part, avec plus d'évidence, n'apparaît la nécessité de l'intervention de la société pour protéger, dans la mesure du possible, les uns et les autres contre ce mal qui les frappe tous. Et ici encore, c'est à la solidarité justement comprise des intérêts en présence qu'il faut s'adresser.

Déjà, des organismes sont créés, les Commissions

départementales du travail, qui rapprochent l'élément ouvrier de l'élément patronal en les mettant en contact fréquent et qui pourront — surtout lorsque se seront généralisées et seront sanctionnées les conventions collectives de travail — préparer par l'arbitrage la solution des conflits.

Mais il y a bien du chemin à faire pour que l'arbitrage inscrit déjà dans bien des textes de lois ou de contrats passe effectivement dans les faits et qu'il devienne l'objet, non pas simplement d'une obligation légale sans sanction efficace, mais de cette obligation morale, plus puissante que toute autre, que l'opinion de tous impose à la résistance aveugle de quelques-uns. La grève, disons-le bien haut, c'est la guerre à l'intérieur, et c'est la guerre entre deux forces qui ont également besoin l'une de l'autre, dont les intérêts sont solidaires et que la justice seule peut et doit réconcilier. Ne cessons de répéter que l'heure est passée de la brutalité et de la violence, que la défense des droits ne peut s'assurer que par la justice et qu'entre les citoyens de chaque nation, comme, nous l'espérons aussi, entre les nations elles-mêmes, c'est la règle de justice, comprise par les esprits, acceptée par les consciences, qui, seule, peut fonder la sécurité, le droit et la paix.

**
* *

Messieurs, j'ai voulu rapidement esquisser ici notre rôle dans l'organisation du travail, dans la protection du travailleur. Vue générale, bien sommaire, laissant nécessairement dans l'ombre et beaucoup de difficultés et beaucoup de misères; vous montrant seulement le plan de l'œuvre pour vous en faire saisir l'unité matérielle et l'unité morale. Mais ce n'est encore là pourtant qu'une partie d'un tout : aux risques spéciaux du travail industriel, commercial ou agricole s'ajoutent pour le travailleur de la ville et des champs d'autres risques généraux qui leur sont communs avec tous les hommes, ceux qui naissent de la société ou de la nature ou, d'un mot, des conditions de toute existence humaine. Ces risques-là, vous, les mutualistes, vous les connaissez bien, puisque tout votre admirable effort est dirigé contre eux depuis tant d'années. Ce sont les risques de la maladie, de l'invalidité, de la vieillesse et de la mort.

Si les problèmes du travail sont relativement nouveaux, le problème de la défense de l'homme contre la nature est ancien comme le monde, mais il prend à notre époque une importance infinie par les conditions nouvelles de l'existence, par l'effrayant surmenage qu'impose à nos organismes la vie des sociétés contemporaines.

Et il apparaît nettement, tout d'abord, que la prévoyance individuelle, libre ou même obligatoire, resterait inefficace si l'ensemble de l'action sociale, ici encore, n'aidait pas son effort. Qui pourrait se garantir contre la maladie si le milieu social dans lequel on est obligé de vivre reste un foyer constant de contagions sans cesse renaissantes? A l'œuvre de prévoyance individuelle, il y a une préface indispensable : c'est l'œuvre d'hygiène sociale.

Il faut instituer un Office de l'hygiène sociale chargé des études relatives à l'amélioration de la vie physique, et, par suite, à la défense de la race, études approfondies et méthodiques de tous les facteurs de la morbidité et de la mortalité : là pourront s'élaborer scientifiquement les méthodes de lutte contre les maladies épidémiques, se formuler les mesures de prévention, déclaration obligatoire des maladies contagieuses, vaccination, désinfection, interdiction des logements insalubres, etc., qui sont inscrites dans la loi du 15 février 1902, mais qui sont si loin d'être encore passées dans la réalité.

Puis, c'est le problème de l'habitation qui apparaît, et c'est bien le problème capital de la prévoyance ; tant que l'on n'aura pas fait disparaître la cause la plus grave de tous les maux : l'habitation insalubre, il sera impossible d'assurer aux travailleurs, à la ville comme aux champs, la vie saine et familiale qui, seule, permet de vivre d'une vie vraiment humaine. La Chambre, par son vote récent sur les conditions de l'expropriation, a déjà rendu plus facile la solution du problème, et le projet de loi sur les habitations à bon marché, dont la discussion a commencé avant-hier, va permettre aux Sociétés privées comme aux communes, en multipliant leurs ressources et en facilitant leurs moyens d'action, d'entreprendre enfin par toute la France l'œuvre nécessaire.

Combien l'œuvre sera plus bienfaisante encore si la maison n'est pas seulement un toit de passage, mais bien l'habitation définitive, la *maison* devenant la propriété de la famille qu'elle abrite.

D'où les facilités données à l'accès à la petite propriété par les lois des 10 avril 1908 et 25 février 1912.

Attachons-nous passionnémemt à cette tâche : la construction de l'habitation salubre et à bon marché, la disparition du taudis, cause de misère, de déchéance physique et morale. C'est là que se forment tant d'autres plaies sociales : alcoolisme, tuberculose, immoralité, et tout leur cortège sinistre de misères. La maison claire, la maison saine, c'est le goût du foyer, la famille réunie et joyeuse, c'est le bien-être modeste, mais dans la dignité et dans l'affection. Serait-il donc impossible d'assurer à tous ces biens essentiels, sans lesquels notre civilisation n'est qu'une décevante et cruelle apparence, un voile magnifique jeté sur les plus hideuses réalités?

*
* *

Quand ces problèmes seront résolus, ne craignez point qu'il en résulte une diminution d'activité pour les groupements comme les vôtres, pour les soldats de la prévoyance volontaire et libre. C'est sur leur concours que nous comptons le plus pour le développement de l'hygiène sociale. Un peu plus de bien-être crée plus de conscience, et plus de conscience c'est plus de prévoyance pour soi et pour les autres. Et c'est ici que s'ouvre une voie nouvelle aux Sociétés de secours mutuels dans laquelle elles ne manqueront pas de s'engager. Certes, Messieurs, vos Sociétés ont réalisé beaucoup depuis l'époque si rapprochée où elles se fondaient sous l'œil hostile des pouvoirs publics, rudimentaires et précaires encore, mais si riches déjà de sentiments d'altruisme et de bonté. Mais l'œuvre qui leur reste à accomplir est plus considérable encore. Demain, dégagées en partie du souci de la retraite qu'elles peuvent assurer dans des conditions plus favorables par la loi de 1910, c'est toute cette œuvre d'hygiène sociale qui s'offre à elles grâce aux ressources nouvelles que peut leur procurer l'application de cette loi, directement par les remises dont elles bénéficient, et indirectement par les adhérents nouveaux qu'elles sauront amener à elles; elles seront les princicales et laborieuses ouvrières de sa réalisation.

Demain, ce sera l'œuvre d'assurance contre l'invalidité que vous réaliserez avec nous, car, dans le projet que le Gouvernement déposera d'ici peu, les Sociétés de secours mutuels auront, vous le savez, une part aussi large que possible. Je ne peux vous apporter ici la formule précise par laquelle cette grave question de l'invalidité se trouvera résolue, mais il est certain que l'assurance contre l'invalidité, qui n'est, dans bien des cas, que

la maladie prolongée, en tout cas l'assurance contre
l'invalidité temporaire, ne pourra être réalisée sans le
concours immédiat des Sociétés de secours mutuels. Et
je sais, vos vœux d'aujourd'hui m'en apportent encore
la certitude, je sais que ce concours ne manquera pas,
qu'il s'offrira, que vous nous l'offrez déjà avec toute l'ar-
dente générosité de vos esprits et de vos cœurs.

*
* *

Maintenant, Messieurs, voici le travailleur au soir de
la vie. S'il a été, par l'ensemble des mesures de prévoyance, suffisamment protégé contre les risques de son
travail, s'il a été de même défendu contre la maladie,
sauvé de l'invalidité par l'action bienfaisante de la prévoyance mutuelle et de la prévoyance nationale, il faut
qu'il puisse trouver maintenant, à la fin de sa carrière,
sa légitime part de bien-être dans le temps du repos longuement et durement gagné. C'est l'âge de la retraite ; et
cette retraite, il n'aurait pu la constituer à lui seul ; la
République a voulu la lui assurer avec certitude par la
triple coopération du travailleur, du patron et de l'Etat.
C'est l'œuvre de la grande loi du 5 avril 1910. Certes, la
législation des retraites ouvrières n'a pas pu sortir absolument parfaite du creuset parlementaire. Elle a déjà,
par la loi du 17 février 1912, reçu d'importants perfec-
tionnements. L'âge de la retraite a été abaissé à soixante
ans ; l'allocation viagère de l'Etat a été portée, pour les
assurés obligatoires, de 60 à 100 francs ; les subventions
annuelles ont été élevées pour les assurés facultatifs du
tiers à la moitié de leurs versements. Aujourd'hui encore,
d'autres améliorations, des simplifications, des facilités
nécessaires doivent être apportées au mécanisme des
lois de 1910 et 1912 : unification des timbres à apposer,
apposition trimestrielle de ces timbres, faculté pour les

organismes de recevoir les cotisations patronales et de bénéficier d'une remise sur l'ensemble de la cotisation patronale et ouvrière, etc. : elles font l'objet d'un projet de loi que je viens de soumettre au Parlement.

D'un autre côté, la Chambre, par une disposition bienveillante que le Sénat, j'en suis sûr, va confirmer dans quelques jours, vient d'accorder aux retardataires qu'avait exclus la date fatale du 3 juillet, un délai de six mois encore. Soyez-en sûrs, les résistances qu'a rencontrées la législation des retraites, résistances dues en partie à l'ignorance, à l'aveuglement, aux préjugés des uns, en partie aussi à des hostilités calculées des autres, tomberont devant l'évidence des résultats. L'œuvre est bonne et l'on ne saurait vous être trop reconnaissants, Messieurs les Mutualistes, de l'admirable effort de propagande, d'éducation de l'esprit public auquel vous vous êtes consacrés, de l'aide apportée par vous au fonctionnement de la loi; grâce à vous, demain, elle sera définitivement comprise et définitivement populaire. Je suis heureux de redire ici ce que je disais le 17 juin devant M. le Président de la République : c'est grâce à votre collaboration admirable que la bataille sera définitivement gagnée et que la République aura pu réaliser sa volonté d'assurer aux travailleurs de France le minimum des ressources nécessaires à la sécurité et à la dignité de leurs vieux jours.

*
* *

Messieurs, j'ai tâché de vous dire dans cet exposé bien long pour votre patience, mais bien court pour l'étendue de cet immense sujet d'études, comment le Ministère du Travail conçoit l'organisation de la prévoyance nationale.

C'est pour la réalisation de cette œuvre, et je pourrais dire pour elle seule, que j'ai accepté de reprendre

pour quelques jours ma part de responsabilité dans le
Gouvernement du pays. J'ai pensé qu'après avoir con-
sacré la meilleure part de ma vie à l'étude passionnée de
ces questions, après y avoir trouvé la seule consolation
et le seul réconfort qu'à certaines heures l'homme puisse
recevoir, il était de mon devoir d'y consacrer encore ce
qui me restait de forces. Je m'en irais heureux si j'avais
pu, non réaliser, même pour une faible part, l'œuvre
elle-même qui est infinie, mais du moins avoir appelé
sur sa nécessité l'attention de tous et indiqué les lignes
générales du problème, le plan et les méthodes indispensables à sa solution.

Messieurs, c'est sur vous, c'est sur la mutualité française, non seulement sur l'action légale des Sociétés elles-
mêmes, mais sur l'influence rayonnante qu'elles exercent
autour d'elles, que nous comptons pour cette noble tâche.
La mutualité française, je l'ai dit tout à l'heure, est à
nos yeux la force vive par qui s'accomplira la véritable
réforme sociale, celle qui ne sera pas seulement inscrite
dans les lois, mais conçue par les esprits, voulue par les
consciences, accomplie dans les actes.

C'est vous qui avez les premiers donné l'exemple, les
premiers appris à garantir les moins favorisés du sort
contre les risques de la nature et de la vie sociale; vous
qui avez enseigné par vos actes que, pour rendre cette
garantie efficace, la prévoyance par l'association était
nécessaire, vous qui avez appris à subordonner l'idée de
lutte et de concurrence à l'idée de solidarité et fait apercevoir clairement ces deux conditions inséparables de
toute vie supérieure : la prévoyance, acte de raison, et
la mutuelle association, acte de conscience. C'est cette
leçon, donnée par la mutualité, que la nation entière doit
connaître et suivre. C'est en faisant pénétrer vos idées
et votre méthode dans l'ensemble de la législation natio-

nale que nous triompherons des cruelles servitudes qu'impose aux faibles, aux désarmés, l'implacable jeu des lois naturelles.

En fondant l'édifice de la prévoyance nationale sur les bases mêmes que vous avez posées, nous élèverons la grande maison commune de demain, la cité sociale où se vivra la vie mutuelle, c'est-à-dire la vie supérieure de l'humanité.

Oui, cette vie mutuelle est la vie véritable. Au point de vue économique, elle est supérieure : c'est une vérité élémentaire que, plus nombreux sont les assurés mutuels contre un même risque, plus faible est la prime que paiera chacun d'eux.

Mais surtout combien elle l'emporte au point de vue moral et qu'elle est féconde pour l'avenir d'un pays et d'une race ! Elle ne veut ni la résignation chez les uns, ni la pitié chez les autres. En elle les sentiments bas et mauvais n'ont plus de prise, en elle éclosent, au contraire, tous les sentiments de noblesse et de bonté.

Messieurs, travaillons ensemble à créer la vie nouvelle; fondons ensemble cette cité de demain : sa loi est une loi d'harmonie. Il faut que le développement de chacun des membres du groupe y concorde avec celui du groupe tout entier; que l'échange des services y soit équitable, par la mutuelle répartition des avantages et des risques ; il faut surtout que l'idée de fatalité en soit bannie, que le sentiment de haine en soit exclu, que l'idée de justice mutuelle y soit satisfaite. Justice, c'est le dernier mot de la science sociale, toute semence de justice, je l'ai dit bien souvent, est une semence de paix. Sachons, par la solidarité prévoyante, donner aux hommes la plus grande somme possible de justice, et nous obtiendrons pour notre pays la certitude de la paix.

CONCLUSION

LA VIE SUPÉRIEURE DE L'HUMANITÉ [1]

Mesdames, Messieurs,

C'est une date, une très grande date, non pas seulement dans l'histoire de la Mutualité, mais peut-être dans celle de la France, que le jour de naissance de la Fédération des Sociétés de secours mutuels de France, ou pour mieux dire, de la *Mutualité française*.

Jusqu'ici, comme on vous l'a dit, il y avait des Sociétés de secours mutuels en grand nombre, isolées, cherchant à se rejoindre, à se soutenir, mais ne formant pas un organisme commun, n'ayant pas une vie commune, ne sentant pas cette circulation d'un même sang qui, se communiquant à elles toutes, les vivifie toutes à la fois.

Aujourd'hui, la Mutualité française est née, elle vit; il y a en France quelque chose de plus; et ce quelque chose est grand, car, certainement, c'est l'instrument à l'aide duquel sera réalisée la véritable réforme sociale.

. . . .

Ce qui va résulter de cette Fédération des Sociétés de secours mutuels, c'est tout simplement ce que l'on peut appeler la vie supérieure de l'humanité.

Il y a une vie supérieure de l'humanité où nous ne sommes pas encore parvenus; nous luttons depuis des

(1) Discours prononcé au théâtre de Saint-Étienne, le 28 septembre 1902, à la fédération nationale de la Mutualité française.

siècles et des siècles pour y arriver. Lentement, péniblement, dans l'obscurité, car toujours la lumière qui est là-bas semble fuir devant nous, quand nous croyons la saisir, l'humanité monte un long calvaire vers la paix, la paix dans la conscience satisfaite et dans la justice réalisée.

Et l'humanité est passée ainsi du régime de l'autorité traditionnelle, injuste et violente, exploitant au profit de quelques privilégiés la force commune, au régime de l'individualisme, c'est-à-dire à un état où l'individu, dégagé des entraves qui pesaient sur lui depuis l'origine, pût prétendre à la plénitude de son développement personnel et s'assurer les bienfaits d'une vie normale par l'effort libre de son activité, de sa pensée, de son travail.

C'est ce passage de l'ancien état de société autoritaire et violente à celui de la société individuelle et libre qu'il y a un siècle nos ancêtres ont su franchir. En face de la vieille société tyrannique, 1789 a créé le droit de l'individu.

Mais tout le problème n'était pas résolu.

Si l'individu devait à son tour rester isolé et faible en face non plus d'une société tyrannique, mais de la nature qui fait peser sur nous, à chaque instant de notre existence, les mille dangers, les mille risques dont ses lois impitoyables et aveugles frappent notre santé et notre vie, à quoi donc servirait la liberté de l'individu? Le lendemain du jour où il avait conquis cette liberté précieuse, allait-il succomber sur le chemin, brisé par quelque force aveugle, emporté par quelque cataclysme contre lequel sa faiblesse et son isolement l'empêchaient de se défendre?

Et, si en outre certains abusaient de cette liberté, si, plus forts ou plus heureux, ils se servaient de leur libre

force pour opprimer la faible liberté de leurs semblables,
la servitude ancienne n'allait-elle pas faire place à une
servitude nouvelle, et la liberté du plus grand nombre
n'être plus qu'un mot décevant?

Il fallait donc que pour garantir réellement le droit de
tous à la liberté, il se créât une société nouvelle, non pas
injuste, celle-là, comme la première, mais fondée sur le
respect mutuel du droit et du devoir de chacun. C'est la
tâche que le XIXᵉ siècle a rencontrée à son tour, et que
vous, mutualistes, vous vous proposez d'accomplir définitivement.

* *

L'individu avait conquis ses droits depuis 1789; il fallait maintenant qu'il apprît ses devoirs; il fallait qu'il
apprît la définition, le sens moral et social de ce mot :
l'individu.

L'individu absolu, mais il n'existe pas! C'est une abs-
traction. Aucun de nous ne vit, ne se développe qu'en
empruntant, inconsciemment, au milieu dans lequel il se
trouve, tous les éléments de sa vie ; l'homme réel est un
produit : sa vie matérielle et sa vie morale sont des
résultats sociaux, sa raison même est un fait social.

Est-ce qu'un homme isolé, qui n'aurait pas de semblables, qui n'aurait pas vécu dans une société où
d'autres pensées obscures d'abord, plus précises ensuite,
se sont développées pendant des siècles, pourrait arriver
à ce que nous appelons, dans notre orgueil d'hommes
civilisés, la raison humaine?

Est-ce que chacun de nous ne doit pas sentir — et
c'est pour lui à la fois une cause de modestie et d'orgueil
— qu'il est le dépositaire de la pensée commune de tous
ceux qui, avant lui, ont pensé, ont vécu, ont souffert et
ont aimé?

Notre vie matérielle et morale n'est-elle pas faite incessamment du concours, de l'échange de toutes les actions et de tous les produits des actions que nous ont légués tous ceux qui ont vécu avant nous et qui vivent autour de nous? En d'autres termes, pouvons-nous vivre, nous développer, sans emprunter incessamment aux autres quelque chose de ce dont nous avons besoin pour vivre? Et, du moment que notre développement n'est possible qu'à la condition de cet échange de services avec nos semblables, n'avons-nous pas le devoir de rendre à notre tour à nos semblables ce que nous avons reçu d'eux et d'établir la justice dans cet échange incessant de services, sans lequel nous n'existerions même pas!

Ainsi, l'individu n'est véritablement digne du nom d'homme, que s'il a pris conscience de ce qu'il doit sans cesse aux autres hommes au milieu desquels il vit et à ceux qui, dans le passé, lui ont rendu possible l'existence.

Et la société, c'est-à-dire l'ensemble des hommes qui vivent en commun dans un même temps et dans les mêmes frontières, doit être organisée de telle manière que la justice existe dans l'échange des services qui seul assure l'existence de tous ses membres.

La justice est en effet l'objet de la société. Elle est le besoin essentiel de tout être doué de conscience; elle est le but dernier où il tend.

On a dit : « On ne souffre que du bonheur des autres : le malheur des pauvres est là. » Il faut protester contre cette parole. Non, le besoin de justice ne peut pas être confondu avec l'envie. Quand un tiers, désintéressé, juge un acte injuste, est-ce l'envie qui lui dicte ce jugement?

La société doit la justice à ses membres. Elle ne peut pas leur assurer le bonheur.

Malheureusement, tous ceux qui ont passé par quelque souffrance morale le savent bien : il ne dépend pas de la bienveillance ou de la bonté d'autrui de nous assurer le bonheur, car les lois naturelles et les faits sociaux viennent sans cesse se mettre à la traverse des volontés les meilleures.

Le bonheur est chose intérieure; il est en nous-mêmes, et notre conscience, notre raison, notre cœur seuls, peuvent nous permettre de le réaliser en nous.

Ce n'est donc pas le bonheur qui est, qui peut être le but de la Société.

Ce n'est pas non plus l'égalité des conditions, car, quelques efforts qu'on puisse faire pour rendre momentanément égales les conditions des hommes, la nature est encore là, qui viendra demain, tout à l'heure même, renverser les plateaux de la balance et rétablir l'inégalité naturelle, contre laquelle nous luttons en vain.

Mais, si nous ne pouvons pas donner le bonheur à l'homme, si nous ne pouvons pas assurer l'égalité des conditions, il est une chose que nous pouvons faire, — et du moment que nous le pouvons, nous sommes obligés de le faire, — c'est la justice que nous devons à tous nos semblables. Et cette justice, nous ne la rendrons qu'en la réalisant tout entière dans l'échange de tous les services sociaux, qu'en rendant chaque jour à tous l'équivalence de ce que nous recevons chaque jour de tous. Ce ne sera que payer notre dette, et nous n'aurons le droit de nous croire généreux que si nous restituons aux autres plus qu'ils ne nous ont donné.

Cette justice dans l'échange des services sociaux, j'en aperçois clairement les deux conditions : la société doit ouvrir à tous ses membres les biens sociaux qui sont communicables à tous; elle doit les garantir tous contre les risques qui sont évitables par l'effort de tous. Là est la société véritable ou, comme on a dit exactement, la *socialité*. Hors de ces conditions, il n'y a qu'injustice, il n'y a pas vraiment société humaine.

Il n'y a pas de justice dans l'échange des services sociaux si, d'une part, la société n'ouvre pas à tous, librement, le trésor de ce que j'ai appelé les biens communicables à tous, ce trésor des choses de la pensée et des connaissances scientifiques, ce trésor des vérités acquises par l'humanité, qui est commun à tous, que personne n'a le droit de garder pour soi-même. Il faut donc que l'enseignement soit gratuitement donné à tout homme jusqu'au point où son esprit lui permet de s'élever.

Mais il ne suffit pas d'armer les hommes aussi complètement que leur puissance physique et intellectuelle leur permet de s'armer : il faut encore les protéger contre tous les risques généraux dont aucun n'est responsable et dont aucun, à lui seul, ne pourrait se préserver. Il n'est pas possible qu'un être humain meure de froid ou de faim dans un Etat qui se dit civilisé. Il y a un minimum d'existence que l'effort de tous doit assurer à tous. Et quant à ces risques de maladie, de souffrance, de mort, qui naissent du fait même de la société, de l'agglomération des hommes, des conditions modernes du travail, des crises économiques, est-il juste que la société laisse contre eux sans défense ceux que leur faiblesse, leur pauvreté y expose le plus? Ce n'est pas un devoir de charité, c'est un devoir de stricte justice que de garantir les moins favorisés du sort contre les risques de la nature et de la société.

*
* *

Mais nous savons tous qu'il n'existe qu'un moyen de

19.

rendre cette garantie pratiquement réalisable. Ce moyen c'est, suivant les termes du Congrès de 1900, « la prévoyance par l'association ». Pour prévoir et pour garantir, la mutualité est nécessaire et c'est bien en effet cet ensemble des risques naturels et sociaux contre lesquels les mutualistes, se solidarisant en Fédération, se proposent de garantir tous les membres de la mutualité française et, par là même, tous les Français ; ces risques, Mabilleau les a énumérés tout à l'heure. On les examinera les uns après les autres, on en évaluera l'importance, on verra quelle prime il faut payer à l'avance pour que, le jour où un mal sera survenu, on le répare dans la mesure où il sera réparable, on l'empêche surtout de s'aggraver. On fera pour chacun de ces risques ce que vous faites depuis longtemps pour les risques de maladie, ce que font les sociétés d'assurances pour les risques d'incendie ou pour les risques de grêle.

On passera ainsi en revue tous les risques que la nature ou le fait social fait peser sur nous, et le bilan, l'inventaire de tous ces risques sera le bilan des sacrifices qu'il faut faire en commun pour défendre, pour protéger celui d'entre nous sur lequel, à un moment donné, l'un de ces risques viendra à tomber.

Il n'y aura pas de justice véritable dans la société, il n'y aura pas de paix, pas de conscience satisfaite, tant que l'ensemble de cette organisation de prévoyance générale contre tous les risques généraux n'existera pas d'une manière définitive.

Il est une question qui peut préoccuper les esprits : cette charge que nous acceptons, que nous devons accepter, je veux dire la charge de garantir nos semblables contre un risque qui peut demain nous frapper nous-mêmes — ce qui fait qne c'est une opération de bonne administration personnelle, en même temps qu'une opération de solidarité fraternelle — cette charge, dis-je, diminuera-t-elle en quoi que ce soit notre liberté? Car c'est là une objection que j'ai entendu bien souvent formuler.

Cette solidarité sociale ne va-t-elle pas être pour les individus comme une diminution de leur activité, de leur liberté? Ne sera-ce pas un poids lourd, que vous allez mettre sur le coureur, et qui l'empêchera d'arriver au but où il doit tendre?

Eh bien, je dis que la soumission au devoir social n'entraîne pas une diminution de notre liberté, car on n'est pas libre tant qu'on n'a pas payé ce qu'on doit. Payons d'abord notre dette sociale! Assurons-nous d'abord en commun contre les risques communs! et alors nous aurons le droit d'user de notre liberté; jusque-là, nous n'usons pas d'un bien qui soit à nous : nous détournons le bien d'autrui.

Disons-nous bien que le paiement de notre dette sociale, c'est-à-dire la contribution volontaire que nous devons donner à la prévoyance commune contre les risques sociaux, c'est le rachat même de notre liberté. C'est lorsque nous aurons payé cette dette que, le front haut, librement, nous pourrons aller droit devant nous et marcher à la conquête du monde, car nous n'aurons rien pris à personne qu'à la nature même et qu'aux forces naturelles que nous aurons asservies.

Il y a deux ans, j'avais l'honneur de présider, à l'Exposition universelle, le Congrès de l'Éducation sociale. Après plusieurs jours de délibérations auxquelles prirent part plusieurs de ceux qui sont ici, nous avons adopté des décisions dont je vous demande la permission de lire un passage, car il résume très clairement les idées que j'expose en ce moment devant vous.

« La justice ne sera pas réalisée dans la société tant que chacun des hommes ne reconnaîtra pas la dette qui, du fait de la solidarité, pèse sur tous à des degrés divers.

Cette dette est la charge préalable de la liberté. C'est à la libération de cette dette que commence notre liberté personnelle. L'échange des services qui forme le nœud de toute société ne peut être équitable, si cette dette n'est pas acquittée par chacun des contractants... »

* *
*

Messieurs, je ne crois pas me tromper en affirmant que cette formule sera demain celle de la Fédération que vous avez fondée aujourd'hui.

En créant ce grand édifice sur les bases que vous venez de poser, vous élevez la maison commune de demain, la véritable maison sociale où se vivra la vie mutuelle, c'est-à-dire la vie supérieure de l'humanité.

Cette vie mutuelle est supérieure à l'autre, à la vie de lutte et de concurrence. La vie mutuelle est conforme à la nature; elle n'absorbe pas l'individu, elle le sauve et elle le développe, en développant en même temps le groupe tout entier; à la lutte qui épuise, elle substitue l'union qui multiplie. La lutte pour la vie est nécessaire au progrès, dit-on. Sans doute, il faut que l'activité soit libre, que la concurrence puisse se produire entre des volontés libres. Mais la loi naturelle de l'évolution nous montre, au-dessus de cette loi de la concurrence, la loi de coordination des efforts : un groupement vivant ne peut persévérer dans la vie si chacune des parties qui le composent oublie qu'elle est subordonnée à l'ensemble, tend à se développer démesurément et rompt ainsi l'équilibre des forces communes qui assurerait la vie permanente du tout.

C'est cette subordination de l'idée de lutte et de concurrence à l'idée supérieure de solidarité qui est précisément la raison d'être de la mutualité, qui exprime — passez-moi ce mot un peu ambitieux — la philosophie de votre action.

Cette vie mutuelle est, dis-je, supérieure à toutes les autres et conforme aux lois de la nature, puisque, dans la nature, ce que l'on constate partout, c'est la subordination des parties au tout et c'est l'échange de services entre toutes les parties.

Elle est supérieure au point de vue économique, car, vous le savez tous, plus vous vous réunissez nombreux pour parer à un risque, plus faible est la prime que vous payez. C'est la loi des grands nombres que vous appliquez tous les jours.

Plus les fédérés seront nombreux dans la Fédération, plus léger sera pour chacun de vous le fardeau que vous assumez, dans vos associations, pour l'œuvre sociale.

Mais surtout, la vie mutuelle est supérieure à l'autre au point de vue moral.

Elle ne veut ni la résignation chez les uns, ni la pitié pour les autres.

La résignation, c'est le manque d'énergie. Nous ne voulons pas que l'homme soit résigné : nous voulons que, lorsqu'il est frappé par le sort, il lutte, se redresse, combatte pour se relever, mais nous voulons en même temps qu'il y soit aidé par les autres.

Et nous ne voulons pas non plus de la pitié, qui n'est parfois qu'une forme détournée de l'orgueil.

Trop souvent, celui dans l'esprit de qui naît la pitié se considère comme supérieur à celui qu'il voit tomber à ses côtés; il oublie que celui-là est son semblable, son égal, que ce n'est pas de la compassion seulement qu'il faudrait avoir envers lui, c'est du remords; que quelque chose aurait dû précéder le mal dont celui-ci a souffert, à savoir : l'aide et l'appui, grâce auxquels la pitié n'aurait pas eu besoin de naître dans son esprit.

On nous opposera les admirables efforts de la charité. Nous sommes loin de les méconnaître, mais la charité n'est que la pitié agissante, et si, moralement, elle est digne de tous les respects, elle est, en fait, trop souvent inefficace et impuissante. Elle n'intervient que pour réparer le mal quand il est fait et vous savez bien que s'il faut donner 1.000 pour réparer le mal, il aurait suffi peut-être, quelques jours plus tôt, de donner 10 pour le prévenir.

Et que de fois, d'ailleurs, le mal est irréparable! Que de fois il est trop tard, lorsqu'on se penche enfin vers celui que rien ne peut plus sauver!

Enfin, Messieurs, ne l'oublions pas, l'effort mutuel de prévoyance sociale est nécessaire au point de vue national, au point de vue de l'avenir de la race et de la grandeur de la patrie. Quelle œuvre plus impérieuse que celle que nous conseillait avec tant de force tout à l'heure notre ami M. Barberet, cette œuvre des mutualités maternelles, qui seule pourra enrayer la mortalité infantile, arrêter la diminution de la population française! Là encore, réparer le mal serait impossible, il est indispensable de le prévenir.

Lorsque, sur cette admirable terre de France, des vides seront faits, ne voyez-vous pas que l'on cherchera à les combler à notre détriment; ne voyez-vous pas que de toutes parts viendra s'offrir la main-d'œuvre étrangère pour des travaux jusqu'ici réservés à la nôtre, que des étrangers accourront qui, après avoir profité des richesses de notre sol, de la fécondité de notre pays, emporteront au delà de nos frontières le profit qu'ils auront fait parmi nous?

*
* *

Messieurs, à tous les points de vue donc, l'œuvre de solidarité est supérieure à l'œuvre de lutte et de concurrence; de quelque côté qu'on regarde, au point de vue financier, au point de vue économique, au point de vue moral surtout, il est incontestable que ceux-là seulement vivent de la vie supérieure qui vivent de la vie mutuelle. Il y a deux conditions de la vie supérieure : la prévoyance, acte de raison; l'association mutuelle, acte de conscience.

L'homme qui vit cette vie, c'est celui que nous appelons vraiment l'homme social; celui-là a le sentiment qu'il est non pas un isolé, ayant le droit de s'appliquer à lui-même tous les produits de son activité, mais l'associé solidaire des autres hommes; qu'à chaque instant de sa vie, dans l'échange des services qu'il rend et qu'il reçoit, il doit avoir dans l'esprit cette double pensée, que celui avec lequel il contracte est son semblable, son égal en valeur humaine, que par conséquent il doit, dans l'échange, se présenter non comme un supérieur et un maître, non comme un plus fort, mais comme un égal.

Toute morale veut un au-delà, un sacrifice à quelque idéal : à l'honneur, c'est-à-dire à la dignité de soi-même; à la patrie, c'est-à-dire à la dignité de la nation, de la race dont on fait partie; à la justice, c'est-à-dire à la dignité des autres hommes, nos associés et nos semblables.

La morale sociale est celle qui donne la justice sociale pour but à notre vie de chaque jour. L'homme social est celui qui, sentant tout ce qu'il doit à tous les autres, se déclare prêt, tous les jours de son existence, à acquitter sa dette envers tous.

Messieurs, ce réseau infini d'échanges équitables entre

les hommes, que réalisera la Fédération qu'est la Mutualité française, qu'est-ce autre chose que la véritable société humaine, dans laquelle il n'y aura pas de révolte, parce que la conscience sera satisfaite; dans laquelle il n'y aura pas de forces perdues, parce que toutes les valeurs individuelles y auront été sauvegardées dans la mesure du possible, et non seulement sauvegardées, mais développées et multipliées, dans laquelle enfin l'individu se développera plus complètement lui-même, tandis que le groupe tout entier arrivera à son point le plus élevé d'accroissement pacifique ?

C'est bien cette société humaine véritable que vous avez, mutualistes français, voulu organiser entre vous. Puissent tous les citoyens de France suivre votre exemple, s'associer à votre œuvre, ou tout au moins s'en inspirer. Puissent-ils, au spectacle des services que vous rendez, faire avec vous et grâce à vous, leur éducation mutuelle. Cette vie sociale que vous vivez, Messieurs, propagée par vos exemples, créera peu à peu, dans notre pays et dans le monde, la vie pacifique et consciente de l'humanité.

TABLE DES MATIÈRES

PREMIÈRE PARTIE

LA DOCTRINE ET LA MÉTHODE

20

DEUXIÈME PARTIE

LES MOYENS DE LUTTE CONTRE LES MAUX SOCIAUX

L'Éducation.

Les Initiatives privées.

I. — LA COOPÉRATION.

II. — LA MUTUALITÉ.

L'Action de l'État.

Conclusion.

Paris. — L. MARETHEUX, imprimeur, 1, rue Cassette. — 10906.

Extrait du Catalogue de la BIBLIOTHÈQUE-CHARPENTIER
à 3 fr. 50 le volume
EUGÈNE FASQUELLE, ÉDITEUR, 11, RUE DE GRENELLE

ÉCONOMIE POLITIQUE & SOCIALE

18893. — L.-Imprimeries Réunies, 7, rue Saint-Benoît, Paris.

Contraste insuffisant ou
différent, mauvaise qualité
d'impression

Under-contrast or different,
bad printing quality

www.ingramcontent.com/pod-product-compliance
Lightning Source LLC
Chambersburg PA
CBHW061008280326

41935CB00009B/880